#GENAUSO SCHÖN

33 Traumziele
und ihre
schönsten
Alternativen

IN BERLIN-BRANDENBURG

Ringerkolonnade am Steubenplatz in Potsdam

LIEBE LESERIN, LIEBER LESER,

wer die Wahl hat, hat die Qual – das gilt ganz bestimmt, wenn es um interessante Sehenswürdigkeiten oder Unternehmungen in Berlin und Brandenburg geht. Viele davon sind weit über die Grenzen der Region bekannt und stehen als Ziel bei Touristen und Einheimischen gleichermaßen hoch im Kurs. Umso mehr lohnt es sich, auch einmal abseits der ausgetretenen Pfade auf Entdeckungstour zu gehen. Denn oft warten dort tolle Erlebnisse, die bei weniger Andrang mehr Genuss versprechen. Eine Auswahl an Traumzielen und interessanten Alternativen habe ich Ihnen in diesem Reiseführer für Berlin und Brandenburg zusammengestellt. Ich wünsche Ihnen ganz viel Spaß auf Ihren Ausflügen.

Ihre
Martina Schäfer

Eastside Gallery

INHALT

Niederlausitzer Heidelandschaft

Heilstätten Beelitz

Blick über den Savignyplatz

LIEBLINGE DER AUTORIN

24

Insel der Jugend // Havelhöhenweg

Natur in der Stadt: Ein Spaziergang ist für mich perfekt, um dem Verkehr eine Weile zu entfliehen. Gerne bin ich im Treptower Park mit Blick auf die Spree unterwegs. Mehr Ruhe und einen herrlichen Ausblick verspricht die Tour auf dem Havelhöhenweg.

#Naturliebe

Schloss-romantik

Schloss Sanssouci // Schloss Branitz

Faszinierend ist es für mich, welche imposanten Bauwerke die Baumeister der Vergangenheit für adlige Auftraggeber errichteten. Immer wieder einen Besuch wert ist der Klassiker: Schloss Sanssouci. Wahre Schätze gibt es in Schloss Branitz zu entdecken.

26

#Spreewaldkahn

Lübbenau // Lübben

Auf dem Wasser und mitten in der Natur kann ich eine Auszeit am besten genießen. Da bietet sich die Kahnfahrt im Spreewald an. Wunderbar ist die Tour von Lübbenau nach Lehde. Ein echtes Erlebnis bieten aber auch die Schleusen bei der Fahrt in Lübben.

33

... UND LOS GEHT'S

MIT DEN TRAUMZIELEN
UND IHREN

ALTERNATIVEN!

Rastplatz mit Aussicht am Havelradweg

#Radeln am Wasser

1 Havelradweg

Knapp 400 Kilometer lang ist der Havelradweg. Auf sechs Etappen führt er durch vier Bundesländer. Neben Brandenburg durchqueren die Radler einen Teil von Mecklenburg-Vorpommern und Sachsen-Anhalt und schnuppern Großstadtluft in Berlin. Kein Tag vergeht ohne außergewöhnliche Highlights an der Strecke, die für Abwechslung sorgen. Es warten herrliche Landschaften und Naturerlebnisse. Außerdem geht es vorbei an historisch bedeutsamen Orten. Dabei säumen preußische Schlösser und Residenzen genauso wie Zeugnisse alter Industriekultur den Weg. Und auch das Büro des Weihnachtsmanns freut sich in Himmelpfort auf einen Besuch. *www.dein-havelland.de/havel-radweg*

// Lohnender Stopp

„Herr von Ribbeck auf Ribbeck im Havelland …" In Ribbeck bietet sich ein Stopp auf Fontanes Spuren an. Im dortigen Schloss befindet sich das Fontane-Museum und der „Deutsche Birnengarten". Auch der Stumpf des berühmten Birnbaums ist heute noch im Ort zu sehen.

Die Alternativen

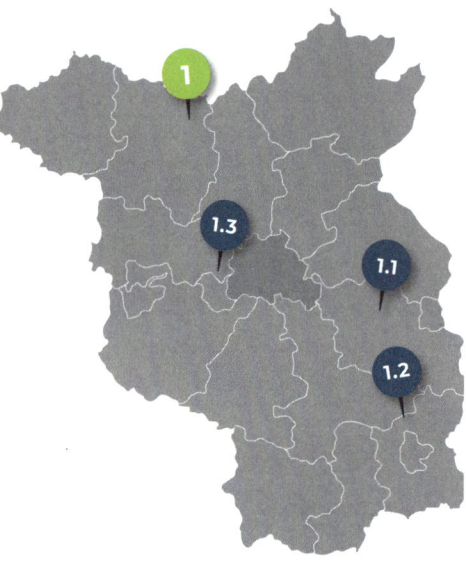

Im Wald bei Wendisch Rietz

1 Adler trifft Zander

»Adler trifft Zander«: Mit ihrem Namen spielt die gut 40 Kilometer lange Radtour rund um Bad Saarow auf das an, was unterwegs in der Natur und am Wegesrand zu entdecken ist. Der Fisch kommt dabei im Seenland Oder-Spree naturgemäß sehr häufig vor – und zwar in den vielen Seen genauso wie auf dem Teller in den Restaurants und Imbissstuben. Wer Glück hat, kann auf seiner Entdeckertour sogar den Fischadler beobachten.

Startpunkt der Tagestour ist Bad Saarow. Von dort führt der Weg gemütlich nach Storkow und vorbei an der Burg mit ihrer interessanten Ausstellung und dem Burgstübchen weiter nach Groß Schauen zur Fischerei Köllnitz. Auf dem Rückweg geht es schließlich wieder über Storkow nach Wendisch Rietz zurück zum Ausgangspunkt in Bad Saarow. Dabei dürfen sich die Radler an der Strecke auf wahre Highlights freuen, denn ein Großteil der Strecke führt direkt an den Seen vorbei. Es geht durch Wälder, vorbei an Feldern und durch idyllische Orte. Schöne Rastplätze laden zu einer Verschnaufpause, zahlreiche Restaurants und Imbisse zum Verkosten der regionalen Produkte. Gut ausgeschildert ist die Strecke außerdem. Wissenswert dazu: Das Logo aus Fisch und Adler auf den Hinweisschildern hat Sänger Frank Zander entworfen.

https://bad-saarow.de/radtouren/adler-trifft-zander

// Fisch satt

Einen längeren Halt sollten Radler unbedingt in Groß Schauen einplanen. Dort gewährt die Fischerei Köllnitz spannende Einblicke in ihr Handwerk. Sehenswert ist auch die Heinz-Sielmann-Ausstellung. Frischen Fisch gibt es im Restaurant oder im Hofladen.

Landschaft bei Lübben

2 Gurkenradweg (Rundkurs ab Lübben)

Auf 260 Kilometern führt der Gurkenradweg über fünf Etappen durch den Spreewald. Start und Ziel des nach dem bekanntesten Produkt der Region benannten Kurses ist Lübben. Auf der Reise geht es per Rad vorbei an idyllischen Spreewaldfließen und hübschen Dörfern bis in die Beinahe-Großstadt Cottbus. In großer Runde führt der Weg dann weiter über Peitz, Burg, Schlepzig und Krausnick zurück zum Ausgangspunkt. Immer wieder begegnen Radler unterwegs der Namensgeberin des Rundkurses:

der Gurke. Sie kommen vorbei an Höfen, Hofläden und Verarbeitungsbetrieben. Außerdem können sie je nach Jahreszeit auf den Feldern das Gemüse entdecken oder die Ernte beobachten.

Neben herrlicher Landschaft und dem Hauptprodukt warten auf dem Gurkenradweg zahlreiche Sehenswürdigkeiten auf die Radler. Ein ersten Blick lohnt schon bald nach dem Start das kleine, aber feine Gurkenmuseum in Lehde.

Etwas mehr Zeit sollten sie auch für einen Rundgang durch Cottbus reservieren. Unbedingt dazu gehört der Aufstieg auf den Spremberger Turm mit seinem schönen Ausblick über Stadt und Umland. Auch die Holländerwindmühle Straupitz und die Städtchen Peitz und Golßen lohnen einen Besuch.

www.spreewald-info.de/rad/gurkenradweg

// Kulinarisch passend

Wie könnte die Radreise besser enden als stilecht bei einem Eis aus regionaltypischen Produkten? Auf der Terrasse schmeckt der Spreewaldbecher mit Quark-Leinöl-Eis und süßem Gurkensalat mit Blick auf das Wasser besonders gut.

3 Schlössertour (von Marquardt nach Werder)

Nicht nur, aber auch dem Haus Preußen ist die hohe Dichte an Schlössern in Brandenburg zu verdanken. Einige der Highlights lassen sich bei der Schlössertour über 30 Kilometer gut an einem Tag erkunden. Los geht es dabei in Potsdam gleich mit dem bekanntesten Schloss: Sanssouci. Da Radfahren im Park seit einigen Jahren verboten ist, bleibt beim Schieben des Fahrrads umso mehr Zeit, die schöne Anlage zu bewundern. Bevor es dann heißt, in die Pedale zu treten, lohnt noch ein Blick auf das Neue Palais. Kaum zu glauben, dass solch ein imposanter Bau vor allem als Gästehaus genutzt wurde.

Von Sanssouci führt der Weg zum Krongut Bornstedt. Dort auf dem ehemaligen Hofgut der Preußenkönige bietet die Königliche Hofbäckerei mit leckerem Kuchen eine Möglichkeit, sich mit Proviant für die Tour einzudecken. Wer es exquisiter mag, nutzt auf Gut Schloss Golm

die Gelegenheit zur Einkehr im Feinschmecker-Restaurant – oder wartet auf den Nachmittag und genießt das schöne Ambiente bei einem Stück Blechkuchen. Weiter geht es zum idyllisch am Schlänitzsee gelegenen Schloss Marquardt, wo sich ein Bummel durch den hübschen Park besonders lohnt. Danach wartet auch schon der Abschluss der Tour in Werder mit seiner sehenswerten Bockwindmühle, dem alten Rathaus und den früheren Fischerhäusern in der Altstadt. *Start der Tour ist am Bahnhof Potsdam, Rückkehr von Werder mit der Regionalbahn.*

// Für Ambitionierte

Radler mit guter Kondition fahren von Schloss Marquardt in größerer Runde über Ketzin nach Werder und werfen unterwegs noch einen Blick auf Schloss Paretz. Wer weiter Richtung Potsdam radelt, kommt durch das sehenswerte Caputh mit seinem Schloss.

Schloss Marquardt

Am Großen Stechlin

2 Großer Stechlinsee

Bereits Ende des 19. Jahrhunderts hat Theodor Fontane dem Großen Stechlin, wie der See auch genannt wird, einen eigenen Roman gewidmet. Bis heute scheint sich die im »Stechlin« beschriebene Landschaft nicht verändert zu haben. Vor allem Buchen und Kiefern säumen das Ufer. Obwohl der See mit einer Wassertiefe von 70 Metern einer der tiefsten im Osten Deutschlands ist, sind seine Ufer flach. Sehr beliebt ist er daher vor allem als Badesee. Doch auch Taucherinnen und Taucher sind vom Großen Stechlinsee begeistert. Immerhin finden sie hier bei einer Sichttiefe von elf Metern beste Bedingungen. Auch für Tauch-Anfänger ist der See daher geeignet. *Idealer Ausgangspunkt ist Fürstenberg (Havel).*

// Für Romantiker

Die Abendstimmung am Großen Stechlin ist traumhaft. Genießen kann man sie ausgesprochen gut im kleinen malerischen Örtchen Neuglobsow am Ostufer des Sees. Wer mag, leiht sich hier ein Boot und rudert in den Sonnenuntergang.

Die Alternativen

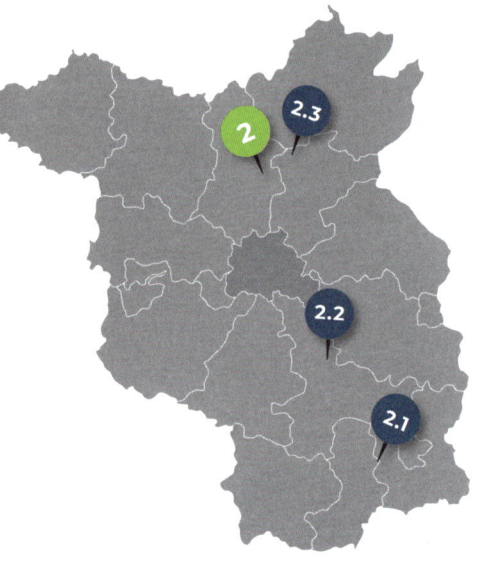

1 Senftenberger See

Entstanden ist der Senftenberger See aus dem ehemaligen Braunkohlentagebau Niemtsch, der 1972 geflutet wurde. Längst hat er sich mit seiner hervorragenden Wasserqualität zu einem Badeparadies für Familien entwickelt. Sieben Kilometer Sandstrände und Liegewiesen bieten hier an verschiedenen Standorten um den See herum ausreichend Raum für erholsame Sommertage. Spaß finden Kinder dabei vor allem in Buchwalde, wo am Seestrand eine (kostenpflichtige) Wasserrutsche auf sie wartet. Auch Hunde sind an eigens dafür gekennzeichneten Abschnitten willkommen. Nicht betreten werden darf allerdings die bewaldete Insel im See, da dort ein Naturschutzgebiet ist.

Wer den Senftenberger See lieber sportlich erkunden will, findet dafür viele Möglichkeiten. Zahlreiche Verleihstationen bieten die passende Ausrüstung für Segler, Surfer, Stand-up-Paddling oder Kanufahrten. Wassersportschulen

Senftenberger See

sorgen bei Bedarf für das nötige Können. Doch auch ohne sportliche Anstrengung lässt sich der See vom Wasser aus erkunden. Von mehreren Anlegestellen starten zwei Fahrgastschiffe zu einer Tour. *Vom Bahnhof Senftenberg ist der See fußläufig erreichbar.*

// Für Radler

Eine 18 Kilometer lange Radtour führt um den Senftenberger See. Vorbei geht es an schönen Aussichtspunkten und Häfen. Zahlreiche Imbisse und Restaurants bieten unterwegs die Gelegenheit, sich für die weitere Fahrt zu stärken.

Teupitzer See

2 Naturbadestelle am Teupitzer See

Eine herrliche Aussicht bietet sich Schwimmern und Sonnenhungrigen an der Naturbadestelle am Teupitzer See. Vom Rand des Dorfangers in Egsdorf können sie ihren Blick über den See und seine Inseln schweifen lassen. Gut zu sehen ist von hier auch Teupitz, einer der ältesten Orte der Mark Brandenburg. Zahlreiche Bänke direkt

am Ufer laden dabei zum Verweilen und Träumen ein. Auch die Liegewiese bietet ausreichend Platz für Badegäste. Und wer lieber ein Fleckchen im Schatten sucht, wird auch fündig.

Das Wasser des Teupitzer Sees ist klar und sauber und hat eine ausgezeichnete Wasserquali-

tät, die regelmäßig überprüft wird. Damit lockt
er an warmen Tagen zahlreiche Wasserfans an.
Neben der Naturbadestelle in Egsdorf gibt es
zahlreiche weitere schöne Plätze rund um den
See. Wie auch der Schweriner See, erweist sich
der Teupitzer See als besonders buchtenreich.
Beide Seen gehören zur Teupitz-Köriser-Seen-
kette. Schon seit den 1920er-Jahren locken
diese zehn Seen Badegäste aus der Region an.
Dorfaue, 15755 Egsdorf.

// Abtauchen

*Eine weitere Naturbadestelle gibt es ganz in der
Nähe am Tonsee. Der aus einer 1900 stillgeleg-
ten Tongrube entstandene See wird auch von
Tauchern sehr geschätzt, denn das klare Wasser
gibt ihnen die Sicht auf allerlei Schätze am
Boden frei.*

3 Schumellensee

Idyllisch mitten im Wald befindet sich die Natur-
badestelle am Schumellensee. Nur wenige
Badegäste finden sich an diesem verträumten
Fleckchen ein. Dabei bietet es beste Bedingun-
gen für ruhiges Schwimmvergnügen im See.
Über zwei Stege ist der direkte Zugang möglich.
Auf einem dritten Steg lädt sogar ein 3-Me-
ter-Sprungturm zu Badespaß mit ein wenig
Action ein.

Eine schöne Abkühlung verspricht das Bad im
Schumellensee vor allem Wanderern. Denn: Von
Schloss Boitzenburg verläuft ein Rundkurs durch
die herrliche Landschaft. Über fünf Kilometer
führt die Wanderung an einigen Baum-Beson-
derheiten und an historischen Sehenswürdigkeiten des Ortes vorbei. Dazu zählt gleich zu

Beginn die Erbbegräbnisstätte der ehemaligen Schlossherren von Schloss Boitzenburg, wo besonders die zwei steinernen Löwen an der Haupttreppe beeindrucken. Bald danach kommen der Apollotempel und der Schlangentempel in Sicht. Auf dem weiteren Weg durch den Carolinenhain und um den Schumellensee hält schließlich die Natur selbst noch ein paar Highlights bereit. Dabei fasziniert vor allem die sogenannte Baumehe – zwei dicht nebeneinanderstehende Bäume, die miteinander ver-

schlungen sind. *Von Prenzlau fährt die Buslinie 503 bis Boitzenburg. Ein Fußmarsch führt von dort zum See.*

// Für Genießer

Fans von Schokolade, Kaffee, Eis und Bier sollten einen Abstecher zum Marstall Boitzenburg mit seiner Schaumanufaktur einplanen. Im Café oder Brauhaus vor Ort lassen sich die Leckereien gleich probieren.

Im Wildpark Schorfheide

#Tiere beobachten

3 Wildpark Schorfheide

Inmitten des Biosphärenreservats Schorfheide-Chorin liegt der Wildpark Schorfheide. Auf einer ausgedehnten Wanderung durch die herrliche Waldlandschaft begegnen Besucherinnen und Besucher mächtigen Wisenten, Wölfen, Elchen, aber auch Damwild, Fischottern oder Przewalski-Pferden. Zu sehen sind die Tiere in ihrem natürlichen Lebensraum. Auch alte, vom Aussterben bedrohte Haustierrassen wie Englische Parkrinder oder Wollschweine werden im Wildpark gehalten und gezüchtet. Wem die sieben Kilometer lange Wanderung zu weit ist, der bucht eine Tour mit dem Kremser. Sehenswert und informativ ist außerdem die Ausstellung über den Wolf. *Wildpark Schorfheide, Prenzlauer Straße 16, 16244 Schorfheide, www.wildpark-schorfheide.de*

// In der Nähe

Nicht nur Familien haben ihren Spaß im Waldhochseilgarten Schorfheide. Der Kletterwald wurde für sein baumschonendes Plattformsystem ausgezeichnet. In unmittelbarer Nachbarschaft zum Wildpark bietet er Kletterabenteuer auf bis zu zwölf Metern Höhe.

Die Alternativen

Wer einem Strauß schon immer einmal tief in die Augen schauen wollte, findet die Gelegenheit dazu auf dem Straußenhof Kagel in Grünheide. Hautnah sind die großen Vögel auf dem Hof bei einer Führung zu erleben. Dabei erfahren Besucherinnen und Besucher viel Wissenswertes rund um die Strauße, ihre Aufzucht und Haltung. Geduldig beantwortet der Züchter beim Rundgang alle Fragen zu den beeindruckenden Tieren.

Zum Abschluss des Besuchs auf dem Straußenhof lohnt noch ein kurzer Blick in den Hofladen. Eine kleine Ausstellung zeigt dort, welche Produkte sich rund um den Strauß herstellen lassen. Unvermutet gehören Schmuck, Straußenleder und entsprechende Handtaschen dazu. Straußeneier werden zu Lampen verarbeitet, und die Federn der Vögel finden in Staubwedeln eine weitere Nutzung. Außerdem werden frische Wurst- und Fleischspezialitäten im Hofladen verkauft. Tipps für die Zubereitung gibt es selbstverständlich dazu.

Straußenhof Kagel, Heidekruger Straße 10, 15537 Grünheide (Mark), www.straussenhof-kagel.de

Aus der Nähe zu erleben: Strauß

// Tagesausflug

Der Ausflug zum Straußenhof lässt sich gut mit einer Radtour oder Wanderung im umliegenden Wald- und Seengebiet verbinden. Über Wasserwege ist die Region direkt an Berlin angebunden, sodass sich auch Schiffstouren anbieten.

Storch auf Wiese nahe Linum

2   Störche in Linum

Bis zu 18 Storchenpaare finden alljährlich ihren Weg ins Dörfchen Linum im Ruppiner Seenland. Zwischen März und Mai treffen sie im brandenburgischen Storchendorf ein und beziehen dort ihren vertrauten Horst auf Hausdächern, Schornsteinen oder eigens für diesen Zweck von den Dorfbewohnern errichteten Masten. Das gilt jedenfalls dann, wenn die vorherige Brut erfolgreich verlaufen ist. Oft sind die brütenden Vögel im Vorbeigehen nur schwer zu erkennen, wenn sie sich in ihre Nester ducken. Mit Glück lässt sich jedoch zwischendurch ein Storch auf Nahrungssuche beobachten. Es lohnt sich in jedem Fall, während eines Spaziergangs durch die umliegende Teichlandschaft die Augen offen zu halten.

Mehr über das Leben der Störche erfahren Interessierte in der Storchenschmiede, einem Informationszentrum des NABU. Ist der Horst auf dem Dach des Gebäudes besetzt, lässt die dort installierte Storchen-Cam an den Geschehnissen teilhaben. Außerdem bietet das Team vor Ort Führungen durch die Ausstellung und Exkursionen an. Auf Kinder wartet dabei ein spannendes Programm mit interaktiven Elementen.

Storchenschmiede Linum, Nauener Straße 54, 16833 Fehrbellin, www.storchenschmiede.org

// Mehr Vögel

Haben sich die Störche im August auf den Weg in ihr Winterquartier begeben, beginnt für Kraniche und Gänse die Saison in Linum. Zu beobachten sind sie in den flachen Teichen und auf den Feldern rund um den Ort von Mitte September bis Anfang November.

Vorführungen auf dem Falkenhof Ravensberg

3 Falkenhof Ravensberg

Mitten im Landschaftsschutzgebiet Ravensberge befindet sich das Waldhaus mit dem Falkenhof. Interessierte können hier beeindruckende einheimische Greifvögel beobachten und erhalten Einblick in deren Lebensweise. Außerdem informieren die Betreiber über die Falknerei sowie Tier- und Naturschutz. Für Kinder werden Feriencamps und waldpädagogische Veranstaltungen angeboten. Auch Erwachsene haben die Auswahl unter zahlreichen interessanten Programmen.

Wer gerne einmal einen Falken auf der Hand halten oder einen Blick hinter die Kulissen der Falknerei werfen will, kann im Falkenhof Ravensberg als »Falkner für einen Tag« dabei sein. Einen spannenden Einblick gibt aber bereits die öffentliche Flugshow. Faszinierend ist es, die Greifvögel während ihres Fluges zu beobachten. Dabei fällt auf, wie unterschiedlich die Könige der Lüfte unterwegs sind. Während sich die Falken rasant auf eine Beuteattrappe stürzen, nähert sich die Eule lautlos und fast unbemerkt. Nur ein leichter Lufthauch ist zu spüren.

Wald-Jagd-Naturerlebnis, Ravensberggestell 2, 14478 Potsdam, www.waldhaus-potsdam.de

// Sehenswert

Am Telegrafenberg in Potsdam ragt ein markantes Bauwerk in die Höhe. Der Einsteinturm aus dem Jahr 1924 beherbergte früher Europas wissenschaftlich bedeutsamstes Sonnenteleskop. Heute dient er als Observatorium des Leibniz-Instituts für Astrophysik.

#Kloster-mauern

4 Kloster Chorin

Inmitten der schönen Landschaft der Schorfheide liegt das ehemalige Zisterzienserkloster Chorin. Baumeister Karl Friedrich Schinkel ist es letztlich zu verdanken, dass die imposante Anlage mit ihrer beeindruckenden Architektur bis heute erhalten ist. Zu seiner Bauzeit 1273 war es das erste gotische Backsteinbauwerk in Brandenburg. Die Funktion als Kloster hat es allerdings bereits 1542 verloren. Über seine Geschichte informiert seit einigen Jahren eine Dauerausstellung. Zu sehen sind außerdem verschiedene Ausstellungen auf dem Gelände. Auch spirituelle Angebote bietet Kloster Chorin im Rahmen von meditativen Rundgängen oder einer »Stillen Stunde«.

Kloster Chorin, Amt Chorin 11a, 16230 Chorin,
www.kloster-chorin.de

// Musikalisches Picknick

Für Fans klassischer Musik ist der Besuch beim Choriner Musiksommer ein Muss. Ein besonderes Erlebnis versprechen die günstigen Rasenplätze, wo Interessierte der Musik hochkarätiger Künstler bei mitgebrachtem Picknick lauschen können.

Die Alternativen

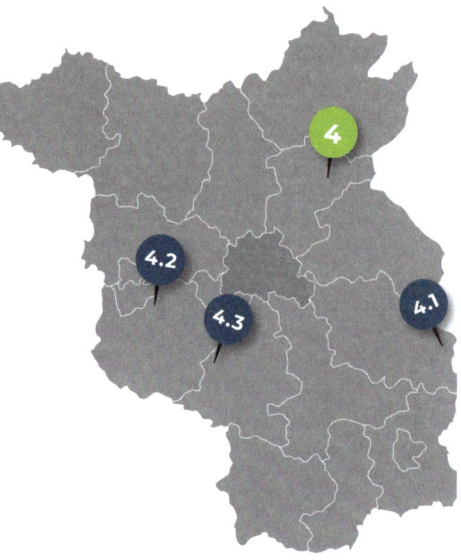

Nach 200 Jahren ohne Funktion als Kloster beherbergt Neuzelle seit September 2018 wieder Mönche. Damit ist es das einzige aktive Zisterzienserkloster in Brandenburg. Siebenmal am Tag kommen sie in der Klosterkirche zum Gebet zusammen. Alle Gebetszeiten sind öffentlich und zuhörende Gäste immer willkommen. Ein besonderes Erlebnis ist die Teilnahme am Morgengebet um 6 Uhr. Wenn die ersten Sonnenstrahlen das prachtvolle Innere der Kirche in ein goldenes Licht tauchen, kommt mit dem gleichmäßigen Gebetsrhythmus der Mönche eine magische Stimmung auf.

Kloster Neuzelle, Stiftsplatz 5, 15898 Neuzelle, www. klosterneuzelle.de

// Für Bierfans

Unmittelbar in Klosternähe befindet sich die Klosterbrauerei Neuzelle. Inzwischen ist sie zwar in privater Hand, hat ihre Wurzeln jedoch im Kloster. Die Brauerei kann besichtigt werden. Es empfiehlt sich eine Voranmeldung.

 Kloster Neuzelle

Nicht weit entfernt von der polnischen Staatsgrenze steht in Neuzelle eine der wenigen noch vollständig erhaltenen Klosteranlagen Europas. Gestiftet wurde das Zisterzienserkloster 1268 von Markgraf Heinrich III. von Meißen. Ursprünglich im spätgotischen Stil errichtet, wurde die Anlage im 17. und 18. Jahrhundert nach den Vorstellungen böhmischer Mönche im barocken Stil umgestaltet. Optisch erinnert es daher ein wenig an Klöster in Bayern. Mit den prächtigen Kirchen, den Klostergärten, dem Kreuzgang und seinen Kunstschätzen zählt Kloster Neuzelle heute aber zu den größten Barockdenkmalen in Ost- und Norddeutschland.

Kloster Neuzelle

2 Kloster Lehnin

Etwas versteckt liegt das frühere Kloster Lehnin in der gleichnamigen Gemeinde. Entsprechend still ist der Ort, an dem die Gebäude des Mutterklosters aller Zisterzienserklöster in der Mark Brandenburg sich bis heute gut erhalten haben. Baubeginn war mit Gründung des Klosters im Jahr 1180, womit es zu den ältesten Backsteinbauten Norddeutschlands zählen. Dabei findet sich in der Anlage eine Besonderheit: Gebaut wurde zunächst im romanischen Stil, vollendet dann 1262 im gotischen. Mit der Reformation wurde das Kloster Lehnin schließlich aufgegeben. Ein Teil wird heute als Krankenhaus genutzt. Der Gesamtkomplex kann besichtigt werden und dient im Sommer auch als Veranstaltungsstätte.

Schlicht, aber sehenswert ist die Klosterkirche St. Marien. Geheimnisvoll scheint hier zunächst ein Baumblock, der in die Stufen zum Chorraum eingelassen ist. Doch hier verbirgt sich die Gründungsgeschichte des Klosters. Demnach schlief Markgraf Otto I. in der Zeit vor 1180 unter diesem Baum auf dem Gelände, als er von einem Albtraum heimgesucht wurde. Für ihn war dies immerhin Anlass genug, genau dort ein Gotteshaus errichten zu lassen.

Zisterzienserkloster Lehnin, Klosterkirchplatz, 14797 Kloster Lehnin, www.klosterlehnin.de

// Um die Ecke

Ganz in der Nähe von Kloster Lehnin liegt ein schönes Erlebnisziel für Familien: der Spargel- und Erlebnishof Klaistow. Kinder finden hier ausreichend Platz zum Toben und für Entdeckungen. Außerdem bietet der Hofladen ein gutes saisonales Angebot.

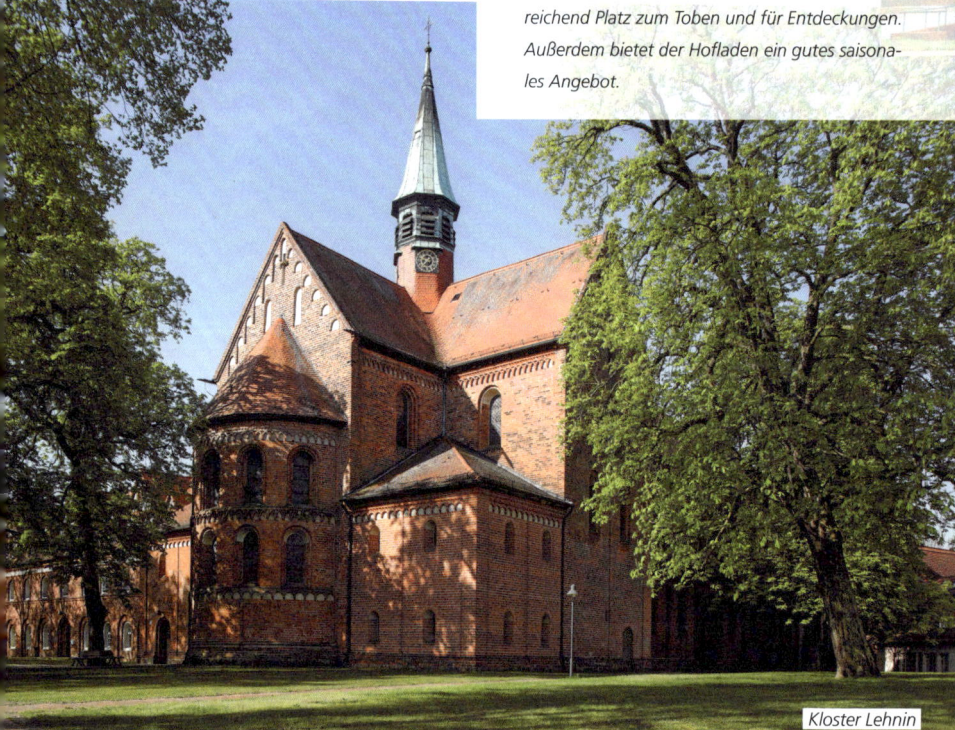

Kloster Lehnin

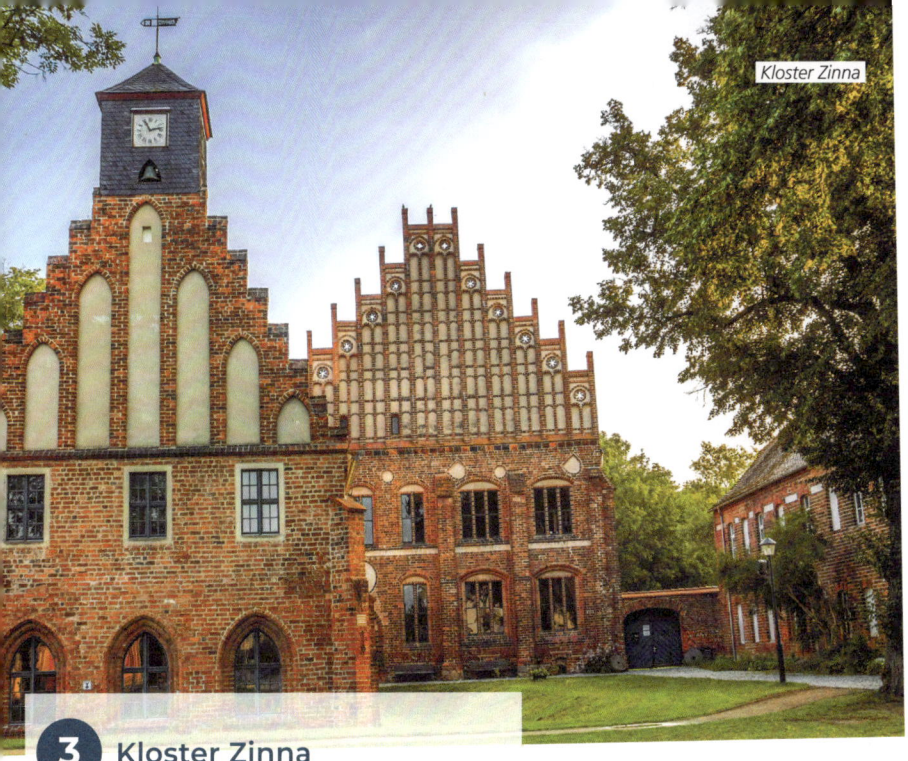
Kloster Zinna

3 Kloster Zinna

Eindrucksvoll präsentieren sich bis heute die Gebäude, in denen einst die Mönche der ehemaligen Zisterzienserabtei lebten. Gegründet wurde Kloster Zinna bereits 1170 durch den Erzbischof von Magdeburg. Doch erst Ende des 13. Jahrhunderts bekam es wirtschaftliche Bedeutung. Wie in den meisten Klöstern im heutigen Brandenburg, gaben auch die Mönche in Kloster Zinna mit der Reformation ihren Standort auf. Erst Friedrich der Große brachte neues Leben in die Region, als er dort die Gründung einer Stadt veranlasste und Handweber ansiedelte. Ihre Webstühle und Gerätschaften sind im damaligen Zollhaus zu sehen.

Einen Einblick in die bewegte Geschichte des Klosters gibt das dortige Museum. Deutlich wird an einem Modell, welche Ausmaße die Anlage in ihren Hochzeiten hatte. Sehenswert sind au-ßerdem die gut erhaltenen Fresken in der ehemaligen Abtskapelle. Hochgeistiges in Form eines Kräuterlikörs wird heute noch im Kloster hergestellt. Wie der »Zinnaer Klosterbruder« entsteht, ist im früheren Siechenhaus zu sehen. Auch die Verkostung ist im Eintrittspreis enthalten.

Museum Kloster Zinna, Am Kloster 6, 14913 Jüterbog Ortsteil Kloster Zinna, www.kloster-zinna.com

// Für Sportler

Von Kloster Zinna ist es nicht weit zum 230 Kilometer langen Fläming-Skate. Durch Felder, Wälder und Wiesen führt das zum Inlineskaten angelegte Streckensystem. Abwechslung bieten sieben Rundkurse unterschiedlicher Länge und eine Fahrradstrecke.

Schiffshebewerk Niederfinow

5 Schiffshebewerk Niederfinow

Imposant ragt das alte Schiffshebewerk Niederfinow als stählerner Koloss in die Landschaft. Bereits seit 1934 verrichtet es seinen Dienst und befördert Schiffe auf dem Oder-Havel-Kanal über einen Höhenunterschied von 36 Metern. Ein Blick von oben auf den »Aufzug für Schiffe« ist beim Rundgang über den Besucherumlauf möglich. Besonders informativ sind die Führungen, bei denen Guides fachkundig die technischen Abläufe erklären. Allerdings sind die Tage des Industriedenkmals gezählt. Sein Nachfolger in unmittelbarer Nachbarschaft ist bereits einsatzbereit. Nur bei Bedarf wird das alte Schiffshebewerk dann noch reaktiviert. *Schiffshebewerk Niederfinow, Hebewerkstraße 70 a, 16248 Niederfinow, www.schiffshebewerk-niederfinow.info*

// Mittendrin

Besonders interessant ist es, das Schiffshebewerk Niederfinow in Aktion zu erleben. Möglich wird dies bei den Fahrten der Reederei Neumann. Etwa 60 Minuten dauert die Tour, bei der es mit dem Ausflugsschiff einmal auf und ab geht.

Die Alternativen

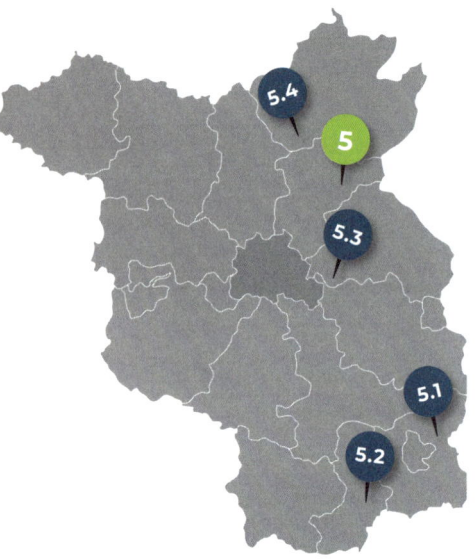

5 Hüttenwerk Peitz

Schon Mitte des 16. Jahrhunderts wurde in Peitz, hinter den Karpfenteichen des Ortes, ein Eisenhüttenwerk angelegt. 1810 kam die Hochofen- und Gießereihalle hinzu. Die Produktpalette reichte von Glocken bis zu Haushalts- und Rüstungsgütern. Im Hüttenmuseum informiert heute eine Ausstellung über den ehemaligen Industriestandort Peitz.

Eine Ahnung davon, wie schwer die Arbeit im Eisenhüttenwerk war, bekommen Besucherinnen und Besucher beim Aluminiumschaugießen. Etwa 770 Grad hat das flüssige Aluminium, wenn es in die vorbereitete Form fließt. Während der Guss so weit abkühlt, dass die Form geöffnet und die Aluminiumfigur entnommen werden kann, vertreibt eine süß-herzhafte Leckerei die Wartezeit. Inzwischen ist nämlich im Ofen ein traditioneller Klemmkuchen aus Mehl, Ei, Margarine, Korinthen, Schinkenwürfeln, Milch und Backpulver entstanden, der zwischen zwei Metallplatten gepresst wurde und so zu seinem Namen kommt. *Hütten- und Fischereimuseum Peitz, Hüttenwerk 1, 03185 Peitz, www.peitzer-huettenwerk.de*

// Unbedingt probieren

Peitz ist bekannt für die Karpfenzucht. Frisch zubereitet sind sie ein Genuss. Auf der Karte stehen sie in verschiedenen Variationen beim Gasthaus Schillebold direkt am Hüttenwerk Peitz. Sehr zu empfehlen sind hier die gebeizten Karpfenfiletstreifen.

In der Ausstellung des Hüttenwerks

2   Besucherbergwerk F60

Lange reicht die Geschichte des Braunkohletagebaus in der Lausitz zurück. Ein Teil davon ist die Abraumförderbrücke F60, die am Bergheider See im Süden Brandenburgs zu sehen ist. Die Brücke gehört zu den größten beweglichen Arbeitsmaschinen der Welt und verrichtete bis Ende Juni 1992 ihren Dienst im damaligen Tagebau Klettwitz-Nord. Seit 1998 steht sie wie das gesamte Gelände Besucherinnen und Besuchern offen. Von einer Plattform in 74 Metern Höhe genießen sie dabei einen wunderbaren Rundumblick über die Landschaft.

Beeindruckend sind alleine schon die Eckdaten des mächtigen Stahlgebildes, in dem in seiner jetzigen Form noch 11 000 Tonnen Stahl verbaut sind. Gewaltig sind die Ausmaße mit 502 Metern Länge und 204 Metern Breite. Ausgerüstet mit Helm geht es bei einer 90-minütigen Führung auf einem Rundweg über die F60. Ein besonderes Erlebnis garantieren außerdem die Nachtlichtführung oder Konzerte und Events, bei denen der Stahlkoloss die faszinierende Kulisse bildet.

Besucherbergwerk F60, Bergheider Straße 4, 03238 Lichterfeld-Schacksdorf, www.f60.de

// Für Abenteuerlustige

Spannung versprechen Outdoor-Angebote auf dem Gelände der F60. Dabei können Adrenalinjunkies sich aus 60 Metern Höhe abseilen oder mit Offroadfahrzeugen durch das ehemalige Tagebaugelände flitzen. Entspannter geht es auf der individuellen E-Bike-Tour zu.

3 Museumspark Rüdersdorf

Seit mehr als 700 Jahren ist Rüdersdorf ein Zentrum der Kalkproduktion. Damit hat der örtliche Tagebau entscheidenden Anteil an der baulichen Entwicklung von Berlin und der gesamten Region. Immerhin wurde der Rüdersdorfer Baustoff in Gebäuden wie dem Brandenburger Tor oder Schloss Sanssouci verbaut. Auch heute noch ist der Tagebau in Betrieb, und das Zementwerk exportiert seine Produkte nach ganz Europa. Abbau und Produktion wurden allerdings längst modernisiert.

Ob Architektur, Arbeitsweise oder Geologie – im Museumspark Rüdersdorf können Besucherinnen und Besucher bei ihrer Entdeckungstour eigene Schwerpunkte setzen. Sehenswert sind vor allem die mächtige Schachtofenbatterie,

Kammeröfen aus dem 16. Jahrhundert und die beiden noch erhaltenen Rumfordöfen. Doch auch die auf dem weitläufigen Gelände stehenden historischen Industriebauten lohnen einen genaueren Blick. Geologisch Interessierte schließen sich am besten einer Spezialführung an und begeben sich auf die Suche nach Fossilien.

Museumspark Rüdersdorf, Heinitzstraße 9,
15562 Rüdersdorf, www.museumspark.de

// Bei Nacht

Wenn die Sterne leuchten und das flackernde Licht von Fackeln von den historischen Gebäuden widerscheint, lässt sich der Museumspark in ganz besonderer Atmosphäre erleben. Möglich wird dies im Rahmen einer einstündigen Fackelwanderung.

Museumspark Rüdersdorf

Ziegeleipark Mildenberg

4 Ziegeleipark Mildenberg

Im ehemals größten Ziegeleirevier Europas bietet heute der Ziegeleipark Mildenberg spannende Einblicke in die Ziegelherstellung. Einen ersten Überblick beim Besuch verschafft eine Rundfahrt mit der Ziegeleibahn. Begleitet von fachkundigen Hinweisen des Lokführers, geht es vorbei an Ringöfen, Maschinenhallen und mitten durch die frühere Ziegelei Stackebrand mit einer immer noch betriebsfähigen Dampfmaschine. Wer lieber die Umgebung kennenlernen will, macht stattdessen die Tour mit der Tonlorenbahn.

Weiter geht es zu Fuß über das Gelände. Zahlreiche Informationen über die Ziegelproduktion hält dabei die Multimediaausstellung bereit.

Doch der Ziegeleipark Mildenberg ist ein Mitmachmuseum. Auf dem gesamten Gelände finden sich überall Stationen, wo Kinder und Erwachsene aktiv werden können. Und damit die Wege dabei nicht zu weit werden, stehen Gokarts und Fahrräder zum Ausleihen bereit.
Ziegeleipark Mildenberg, Ziegelei 10,
16792 Zehdenick, www.ziegeleipark.de

// Gut essen

Direkt am Ziegeleipark und an der Havel liegt
das Gasthaus Alter Hafen. Das bietet auf seiner
kleinen, aber feinen Speisekarte Köstlichkeiten
aus regionalen Produkten. Bei schönem Wetter
lässt sich wunderbar auf der Terrasse am Wasser
entspannen.

Herbstspaziergang am Wandlitzsee

#Wander-freuden

6 Rund um den Wandlitzsee

Weit schweift der Blick über den Wandlitzsee mit seinem glasklaren Wasser. Nach kurzem Rundgang durch den beschaulichen Ort lohnt ein Stopp im Barnim-Panorama. Im Besucherzentrum des Naturparks Barnim erfahren Wanderer Wissenswertes über Naturschutz und Landwirtschaft. Weiter geht es von dort vorbei an der alten Dorfkirche und hinein in die idyllische Landschaft rund um den See. Unterwegs laden lauschige Plätzchen zur Rast. Wer ausreichend Kondition mitbringt, erweitert die Tour durch die ausgedehnten Laubwälder um eine Runde um den Stolzenhagener See. Als Belohnung wartet dann eine Erfrischung im kühlen Nass an der Badestelle Wandlitzsee. *Tourismus Naturpark Barnim, Bahnhofsplatz 2, 16348 Wandlitz, www.barnim-naturpark.de*

// Abstecher

Vom südlichen Ufer des Liepnitzsees lohnt ein kleiner Umweg zur Waldsiedlung Wandlitz. Dort wohnten zu DDR-Zeiten die Mitglieder der Partei- und Staatsführung mit ihren Familien. Heute gehören die Häuser zur Brandenburg-Klinik.

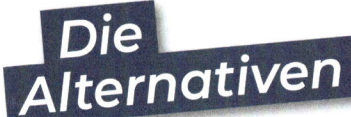

Die Alternativen

1 Rund um den Schwielowsee

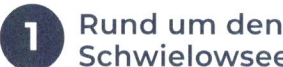

Südlich von Potsdam erstreckt sich der Schwielowsee im Havelland. Umrahmt von Wäldern, Schilf und Wiesen lockte er mit seiner Idylle schon in der Vergangenheit prominente Persönlichkeiten wie Albert Einstein an, der hier ein Sommerhaus hatte. Auch zahlreiche Künstler zog es hierher, sodass in seinem Umfeld sogar die Havelländische Malerkolonie entstand.

Los geht die Wanderung um den Schwielowsee am Bahnhof Caputh. Nach kurzer Strecke durch den hübschen Ort führt der Weg hinein in den Wald bis zum Erholungsort Ferch. Hier lohnt es sich, den Spuren der Maler auf dem »Kunstpfad« zu folgen. Auch ein Abstecher zur kleinen Fischerkirche sollte sein, bevor es an der Uferpromenade weiter Richtung Petzow mit seiner schönen Dorfkirche und dem Schloss geht.

Nächstes Ziel ist Baumgartenbrück. Der Weg dorthin führt durch Wiesen und den Schilfgürtel. Immer wieder eröffnen sich schöne

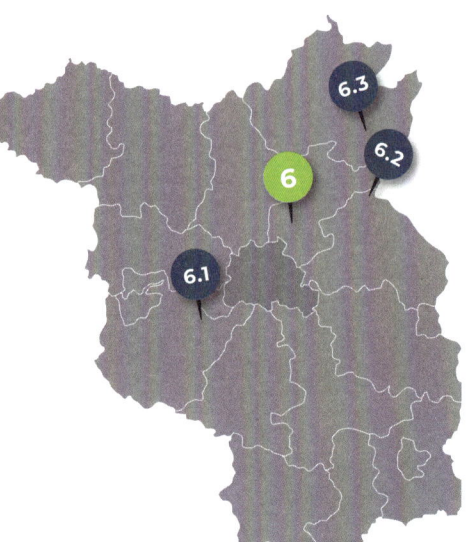

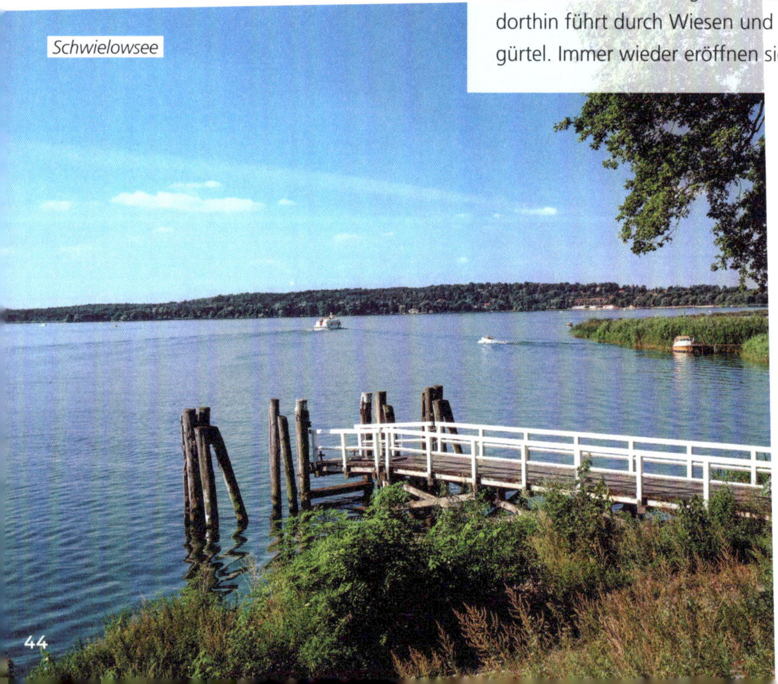

Schwielowsee

Blicke über den See. Zurück nach Caputh geht es dann ein Stück der Straße entlang bis zur Fähre über die Havel. Den schönen Abschluss der Tour bildet der Bummel über die Uferpromenade bis zum Bahnhof. *Schwielowsee Tourismus, Straße der Einheit 2, 14548 Schwielowsee-Caputh, www.schwielowsee-tourismus.de*

// **Für Musikliebhaber**

Im interaktiven Musikinstrumentenmuseum Haus der Klänge in Caputh gibt es eine beeindruckende Sammlung an Instrumenten aus aller Herren Länder zu bestaunen. Besonders spannend sind hier oft die eigenen Versuche, den Exponaten Töne zu entlocken.

Deutschlands nördlichste Skisprungschanzen in Bad Freienwalde

2 Gipfelstürmer in Bad Freienwalde

Gipfelstürmer – wer bei einem Wanderweg mit diesem Namen an eine Tour in Oberbayern denkt, der irrt gewaltig. Denn der 21,53 Kilometer lange Weg liegt im nordöstlichen Brandenburg. Insgesamt zu bewältigen sind dabei erstaunliche 909 Höhenmeter im An- und 853 Höhenmeter im Abstieg.

Über gut begehbare Waldwege führt der Gipfelstürmer zu einigen Highlights. Dazu zählen auf jeden Fall die vier Türme, von denen einer

Teil von Deutschlands nördlichster Skisprungschanze ist. Wer fleißig ist und jeden Turm hinaufklettert, kann sich im Anschluss das Turm-Diplom abholen. Landschaftlich besonders schön kann der Thüringer Blick mit herrlicher Aussicht aufwarten. Sogar die beiden Schiffshebewerke in Niederfinow sind von dort zu erahnen.

Passend zum Namen des Wanderwegs geht es unterwegs auch an einem Gipfelkreuz vorbei, das den märkischen Watzmann markiert. Doch sollte sich niemand in die Irre führen lassen und das »d« übersehen. Denn bei der Höhenangabe von 1062 handelt es sich um DEZImeter.

Bad Freienwalde Tourismus, Uchtenhagenstraße 3, 16259 Bad Freienwalde, www.bad-freienwalde.de/ gipfelstuermer

// Innenstadtbummel

Auf dem Weg zum Bahnhof lohnt sich der Blick auf die schöne Innenstadt von Bad Freienwalde. Immerhin hat das Moorheilbad eine lange Tradition. Sehenswert sind vor allem das Rathaus von 1855, die Stadtkirche St. Nikolai und das Oderlandmuseum.

Fachwerkkirchlein in Alt Placht

Kornkammer: die Uckermark

3 Uckermärker Landrunde

Wunderbar entspannend ist eine Wanderung über die Uckermärker Landrunde oder auf einzelnen Etappen. Der 152 Kilometer lange zertifizierte Qualitätswanderweg beginnt in Prenzlau und führt über acht Etappen bis nach Seehausen. Dabei durchquert er den Nationalpark Uckermärkische Seen und das Biosphärenreservat Schorfheide-Chorin. Herrliche Naturerlebnisse sind damit garantiert. Mit Glück lassen sich sogar See- und Fischadler, der Schwarzstorch, Eisvögel oder Fischotter beobachten.

Während die erste Etappe durch die schöne Seenlandschaft vorbei an Unteruckersee und Naugartener See führt, dominieren auf der zweiten ausgedehnte Wald- und Heidelandschaften. Ähnlich abwechslungsreich zeigt sich das Landschaftsbild auf den folgenden Teil-

stücken. Auch so manches der kleinen Dörfer am Wegesrand lohnt einen zweiten Blick. Dort erweisen sich vor allem die Dorfkirchen als sehenswerte Überraschungen. Ein wenig Zeit sollten Wanderer außerdem für Prenzlau, Boitzenburg, Templin und Angermünde einplanen. Von hübschen Stadtkernen und Museen bis hin zu Schloss und Klosteranlagen gibt es Interessantes zu entdecken. *tmu Tourismus Marketing Uckermark, Stettiner Straße 19, 17291 Prenzlau, www.tourismus-uckermark.de*

// Für Geschichtsinteressierte

In Prenzlau lohnt der Besuch des ehemaligen Dominikanerklosters. Dort ist das Kulturhistorische Museum mit der Dauerausstellung zur Regionalgeschichte der Uckermark untergebracht. Jedes Jahr im Sommer findet im Innenhof der Kultursommer statt.

Rauchen verboten! Gasschleuse

Ausgang

Zum
Ausgang

Luftschutzanlage im U-Bahnhof Gesundbrunnen

#Unterwelt

7 Berliner Unterwelten

Eine Tür wie so viele andere. Doch der erste Eindruck
täuscht. Hinter der grünen Stahltür am U-Bahnhof
Gesundbrunnen verbirgt sich eine Luftschutzanlage aus
dem Zweiten Weltkrieg, in der heute das Berliner Unter-
welten-Museum seinen Standort hat. Über mehrere Etagen erstrecken sich die Schutzräume. Immer noch lässt
sich bei den Führungen hier erahnen, wie furchtbar die
Situation für Reisende und Anwohner gewesen sein
muss, wenn sie Schutz im Bunker suchten. Neben dem
Thema Luftschutz informiert die Ausstellung auch über
Kriegsfunde in der Stadt und weitere Einrichtungen im
Untergrund. Dazu gehören auch Brauereikeller und die
Berliner Rohrpost. *Berliner Unterwelten, Brunnenstraße 105,*
13355 Berlin, www.berliner-unterwelten.de

// Mehr davon

Außer der Tour »Dunkle Welten« durch den Bunker bietet
der Verein Berliner Unterwelten noch weitere Touren an.
Sie alle sind empfehlenswert und zeigen verschiedene
geschichtliche Aspekte im Untergrund der Stadt – vom
Bunker bis zum Fluchttunnel.

Die Alternativen

Unterirdische Orte im Flughafen Tempelhof

Ein Hauch von Abenteuer prägte die Flüge, die man vom früheren Flughafen Tempelhof erlebte. Geflogen wurde schließlich direkt über die dicht bebaute Berliner Innenstadt. Zum Greifen nah erschienen die Dächer der umliegenden Häuser. Mitten in der Stadt gelegen, war der Flughafen ein Ort der ganz kurzen Wege – jedenfalls für die Fluggäste. Was dabei im Verborgenen blieb, waren vor allem die ausgedehnten unterirdischen Bereiche. Leicht vorstellbar aber, wenn man weiß, dass der Flughafen Tempelhof bei seiner Fertigstellung 1941 als größtes Gebäude der Welt galt.

Im Rahmen einer Führung lassen sich Teile der Tempelhofer Unterwelten heute noch entdecken. Deutlich werden die gewaltigen Dimensionen dabei vor allem beim Gang in den Eisenbahntunnel, der die Haupthalle unterquert. Im Zweiten Weltkrieg diente er sogar als Produktionsstätte für Jagdflugzeuge. Damals existierte auf dem Gelände außerdem ein Wasserwerk mit zwei Wasserspeichern und ein eigenes Kraftwerk. Die begehbaren Versorgungsschächte sind bis heute erhalten.

Immer noch zu sehen sind auch Wandzeichnungen mit Motiven von Wilhelm Busch. Sie sind in Kriegszeiten entstanden, als Kellerräume

Unterirdische Räume im Flughafen Tempelhof

U-Bahnhof Innsbrucker Platz

des Flughafens Tempelhof als Bunker genutzt wurden. *Flughafen Tempelhof, Platz der Luftbrücke 5, 12101 Berlin, www.thf-berlin.de*

// Auf geschichtsträchtigem Boden

Im Anschluss an die Führung darf der Besuch des ehemaligen Flugfelds nicht fehlen. Annähernd unglaubliche 21 Kilometer misst die große Runde. Für Familien ist es ein echtes Vergnügen hier Drachen steigen zu lassen.

 **Eisacktunnel und unvollendete U-Bahn am Innsbrucker Platz**

Erstens kommt es anders und zweitens als man denkt. Diese alte Redensart gilt mitunter auch bei der Verkehrsplanung von Städten. Genau deshalb verstecken sich im Berliner Untergrund bis heute Überbleibsel aus vergangenen Tagen, die entweder noch nie genutzt wurden oder schon lange nicht mehr in Betrieb sind. So erging es dem Eisacktunnel. Er diente bis Ende der 1920er-Jahre als Verbindungstunnel zwischen der U-Bahn-Station Innsbrucker Platz und dem Betriebsgelände der von der damals noch selbstständigen Stadt Schöneberg betriebenen Schnellbahn. Im Rahmen der Erweiterung der Berliner Stadtautobahn fielen große Teile der Tunnelanlage dem Abriss zum Opfer – bis auf den Eisacktunnel.

Fast ein wenig geheimnisvoll gibt sich die Tunnelführung gleich zu Beginn. Denn bereits der Einstieg ist nicht leicht zu finden. Im Innenhof einer Wohnanlage geht es mit Taschenlampen ausgerüstet über Leitern in die Tiefe. Fachkundig weist der Guide im Untergrund auf viele bahntypische Details hin. Spezielle Lampen bringen die Beschriftungen aus der Vergangenheit wieder zum Leuchten. Weiteres Highlight auf der Tour ist ein U-Bahnhof im Rohbau. Das Einzige, was hier fehlt, sind die Schienen. Ansonsten könnte die geplante und nie gebaute U10 von Weißensee nach Lichterfelde gleich einfahren. *Tunneltours – bv2go UG, www.tunneltours.de*

// Natur in der Nähe

Nach so viel Unterwelt Lust auf ein bisschen frische Luft und Grün? Nicht weit vom Innsbrucker Platz entfernt befinden sich die Ceciliengärten in Schöneberg. Die Grünanlagen der Siedlung sind bereits seit 1977 Gartendenkmal und bieten Raum zur Erholung. Hübsch anzusehen ist vor allem die Wasserfontäne.

Mit Helm und Headset: Fahrt mit dem U-Bahn-Cabrio

3 Fahrt mit dem U-Bahn-Cabrio

Eines der meistgenutzten Verkehrsmittel in Berlin ist die U-Bahn. Kein Wunder! Immerhin transportiert die 1902 als Hoch- und Untergrundbahn eröffnete Bahn die Menschen bis heute zwischen 175 Bahnhöfen hin und her. Viele davon sind architektonische Besonderheiten oder haben eine spannende Geschichte. Am besten erkunden lassen sich die Hintergründe bei einer Fahrt mit dem U-Bahn-Cabrio. Unbezahlbar dabei übrigens: der Blick in die Gesichter der Wartenden, wenn die offenen Wagen am Bahnsteig vorbeibrausen.

Start und Ziel der ungewöhnlichen U-Bahn-Fahrt ist am U-Bahnhof Deutsche Oper. Dort werden die Passagiere mit Helm und Headset ausgestattet, bevor es dann heißt: Einsteigen bitte! Während der etwa zweistündigen Tour erfährt man allerhand Wissenswertes und Kurioses rund um die Berliner Untergrundbahn und ihre Bahnhöfe. So trägt beispielsweise der Bahnhof Osloer Straße die Nationalfarben Norwegens. Und dass sich der Bahnhof Pankstraße zum Atombunker umfunktionieren ließ, ist heute noch beim Blick auf die Schwenktore an den Gleisen zu erahnen.

Die Fahrt mit dem U-Bahn-Cabrio geht über einen Rundkurs. Dabei sind die Wagen auf Teilstrecken der Linien U2, U7, U8 und U9 in zügigem Tempo unterwegs. Ein leichtes Frösteln durch den Fahrtwind gehört daher auf der unterirdischen Entdeckungstour dazu.

U-Bahn-Cabrio, www.bvg.de/cabrio

// Absolut sehenswert

Ein besonders beeindruckender U-Bahnhof ist die Station der Linie U3 am Heidelberger Platz. Mit ihren Kreuzgewölben hat sie das Ambiente einer Kathedrale. Das zur Bauzeit noch eigenständige Wilmersdorf drückte damit seinen Wohlstand aus.

Konnopke in Berlin

8 Currywurst bei Konnopke

Zwar streiten sich die Geister, ob sie tatsächlich hier erfunden wurde, aber klar ist: Die Currywurst gehört zu Berlin. Wird sie im Westteil der Stadt bevorzugt mit Darm verspeist, mag die Mehrheit im Ostteil ihre Currywurst lieber ohne. Genauso steht sie auch beim Traditionsimbiss Konnopke auf der Karte. Schon 1930 verkaufte die Familie am Standort unter der Hochbahn die ersten Würste aus dem Wurstkessel. Längst ist daraus eine große Imbissbude geworden, vor der sich täglich Warteschlangen bilden. Die Soße zur berühmten Currywurst gibt es bei Konnopke heute in drei Schärfegraden, und die Wurst ist auch als vegane Variante zu haben. *Konnopke's Imbiß, Schönhauser Allee 44b, 10435 Berlin, www.konnopke-imbiss.de*

// Noch mehr Wurst

Berühmte Adressen für gute Currywurst gibt es auch im Berliner Westen. Hier lohnt ein Besuch an den Standorten von Curry 36, wo die Wurst mit oder ohne Darm und vegan auf der Karte steht. Ebenso zu empfehlen: Krasselt's Imbiss am Steglitzer Damm.

Die Alternativen

Schinkeneisbein in einer typischen Berliner Eckkneipe

Ein Klassiker der Berliner Küche ist das Schinkeneisbein mit Sauerkraut, Erbspüree und Salzkartoffeln. Gut zubereitet ist es wunderbar zart und lässt sich beinahe ohne Messer zerteilen. Doch was nach wahrer Kalorienbombe klingt, muss gar kein Dickmacher sein. Wer auf die Schwarte verzichtet, dem bleibt das magere Fleisch.

Authentisch genießen lässt sich das Schinkeneisbein in einer traditionellen Berliner Eckkneipe. Leicht zu finden ist solch eine typische Lokalität heute jedoch nicht mehr. Viele wurden aus ihrem angestammten Kiez verdrängt. Eine Institution konnte sich aber seit etwa 100 Jahren im Prenzlauer Berg halten. Im urigen Ambiente der Kneipe »Zum Schusterjungen« bedient der Service herzlich und mit »Berliner Schnauze«.

Neben Deftigem aus der Regionalküche hat der Schusterjunge Rotkehlchen von Berliner Bürger-

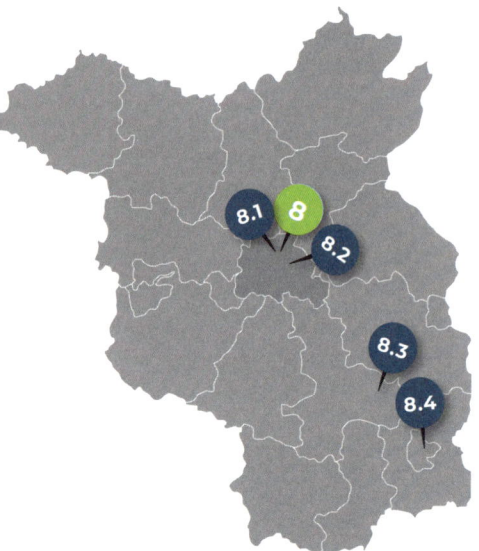

Außenansicht der Eckkneipe »Zum Schusterjungen«

bräu im Ausschank. Diese Bierspezialität schimmert leicht rötlich und macht damit ihrem Namen alle Ehre. Sie schmeckt süffig und ist nur noch selten zu finden. *Zum Schusterjungen, Danziger Straße 9, 10435 Berlin, www.zumschusterjungen.com*

// Für Vegetarier

Senfeier mit Stampfkartoffeln sind ein einfaches Essen, das auch Vegetarier gerne mögen. In aufgepeppter Form hat es das traditionelle Berliner Gericht sogar schon in die gehobene Gastronomie geschafft. Am besten schmeckt es aber in der Eckkneipe.

② Berliner Weiße bei Jäger & Lustig

Zugegeben: Die wenigsten Menschen denken bei den Farben Rot und Grün an Bier. In Berlin können sie genau damit aber richtig liegen, wenn es um eine Berliner Weiße geht. Dabei wurde das erstmals im 17. Jahrhundert erwähnte frühere Lieblingsgetränk vieler Berliner lange Zeit als Berliner Weißbier pur getrunken. Viel später wurde daraus die berühmte »Weiße mit Schuss«. Gemischt wird erst im Glas. Traditionell kommen zum Bier Himbeer- oder Waldmeistersirup hinzu. Fertige Mischgetränke gibt es inzwischen allerdings auch in weiteren Geschmacksrichtungen wie Schwarze Johannisbeere.

Nachdem das einstige Kultbier zeitweise vom Markt verschwunden war, ist es inzwischen wieder zurück. Auf Getränkekarten von Berliner Gaststätten oder Biergärten wie Jäger & Lustig ist es als Flaschenbier zu finden. Gerade im Sommer bietet Berliner Weiße mit ihrem gerin-

geren Alkoholgehalt eine Alternative zu normalem Bier. Ob rot oder grün bleibt dabei allerdings Geschmackssache. Ein Versuch lohnt sich. *Jäger & Lustig, Grünberger Str. 1, 10243 Berlin, www.jaegerundlustig.de*

// Alkoholfreie Alternative

1908 erfand ein Berliner Chemiker die Fassbrause, um seinem Sohn ein bierähnliches Getränk ohne Alkohol anzubieten. Für diese Ähnlichkeit sorgen Wasser und Malz. Tatsächlich ist Fassbrause bis heute in zahlreichen Kneipen und Biergärten zu haben.

Typisches Glas mit Berliner Weiße grün (Waldmeister)

③ Gurken im Spreewald

Weit über seine Grenzen hinaus ist der Spreewald für seine Gurken bekannt. Und wer im
Spreewald unterwegs ist, kommt um das leicht
gebogene grüne Gemüse kaum herum. In fast
jedem Ort und an allen Kahnhäfen warten
Verkaufsstände auf hungrige Gäste. Direkt aus
dem Fass können diese dort die verschiedenen
Varianten verkosten – und selbstverständlich
auch als köstliches Souvenir für zu Hause mit-
nehmen.

Hergestellt werden Gewürzgurken, Senfgurken,
Saure Gurken, Knoblauchgurken oder Pfeffer-
gurken in vielen Familien bis heute nach streng
geheimen Familienrezepten. Weitergegeben
werden sie nur an die nächste Generation.
Doch selbst wer auf Produkte aus größeren
Betrieben zurückgreift, kann auf eines vertrau-
en: Spreewälder Gurken kommen mit Sicherheit
aus der Region. Denn sie tragen inzwischen ein

Qualitätssiegel und sind geografisch
geschützt. *Spreewaldlädchen, Judengasse 4,*
15907 Lübben. Der kleine Laden bietet alle
Köstlichkeiten, die der Spreewald hergibt.
Fachkundiges Personal berät hier gerne rund
um die Produkte und fischt die gewünschte
Gurkenmenge frisch aus dem Fass.

// Auch regional

Besonders gesund und reich an Omega-3-
Fettsäuren ist das Spreewälder Leinöl.
Auch dieses Produkt zählt zum kulina-
rischen Erbe der Region. Gegessen wird es
dort vor allem mit Pellkartoffeln und Quark.
Ein Highlight ist das Öl aber ebenso im
Salat.

Quark-Leinöl-Eis mit süßem Gurkensalat

4   Baumkuchen in Cottbus

Süß werden die regionalen Spezialitäten in Cottbus. Schicht um Schicht wächst dort ein Baumkuchen in einer Manufaktur auf der traditionellen Walze zu einem ansehnlichen Stück heran. Anders als früher, wo über offenem Feuer gebacken wurde, sorgt heute eine Heizspirale für gleichmäßige Wärmezufuhr. Erhalten geblieben ist bei der ehemaligen Cottbuser Baumkuchenmanufaktur, die seit 2022 Groch & Erben heißt, aber die von der Gründerin überlieferte Originalrezeptur aus dem Jahr 1819.

Vor mehr als 200 Jahren legte Maria Groch in Cottbus den Grundstein für die zweitgrößte Baumkuchenproduktion des damaligen Deutschen Reiches. Ihre Tochter wurde dafür später sogar mit dem Titel »Kaiserliche Hoflieferantin« ausgezeichnet. Doch auch wenn es den Cottbuser Baumkuchen heute ebenso mit Schokoladen-Ummantelung und exotischen Füllungen wie Himbeere oder Matcha gibt: Das Original ist lediglich mit einer dünnen Schicht Fondant – eine Zuckerglasur mit ein wenig Zitrone – überzogen. *Groch & Erben, Mühlenstraße 45, 03046 Cottbus, www.grochunderben.de, Erhältlich ist der Baumkuchen gleich um die Ecke der Manufaktur bei der Conditorei & Café Lauterbach und bei verschiedenen regionalen Händlern. Außerdem betreiben Groch & Erben einen Online-Shop.*

// Eiskalte Spezialität

Erdbeer, Vanille und Schokolade sind Zutaten einer weiteren Cottbuser Spezialität. Dahinter verbirgt sich das bekannte Fürst-Pückler-Eisparfait. Kreiert wurde es 1839 für Hermann Ludwig Heinrich von Pückler-Muskau, nach dem es auch benannt wurde.

#Gartenkunst

9 Gärten der Welt

Faszinierende Pflanzen aus aller Welt, Tempel und Wasserläufe lassen den Trubel der Großstadt vergessen. Typische Gartenkultur aus zahlreichen Ländern dieser Erde entführt am östlichen Stadtrand in weit entfernte Gefilde. Wo sonst führt ein Spaziergang von Japan über Bali in den Orient und weiter nach Italien und China? Und zwar selbstverständlich mit charakteristischen Pflanzen des Landes und einer ortsüblichen Gestaltung! Eingeweiht wurde die grüne Oase im damaligen Ostteil Berlins anlässlich der 750-Jahr-Feier 1987. Pünktlich zur Internationalen Gartenausstellung 2017 kam eine weitere Attraktion hinzu: die Seilbahn vom benachbarten Kienberg. *Gärten der Welt, Blumberger Damm 44, 12685 Berlin, www.gaertenderwelt.de*

// Bahn und Grün

Es lohnt der Kauf des Kombitickets, um den Besuch der Gärten der Welt mit der Seilbahnfahrt zu verbinden. Aus luftiger Höhe ergibt sich ein herrlicher Überblick über das Gelände. Deutlich wird so auch der Kontrast zu den umliegenden Hochhäusern.

Die Alternativen

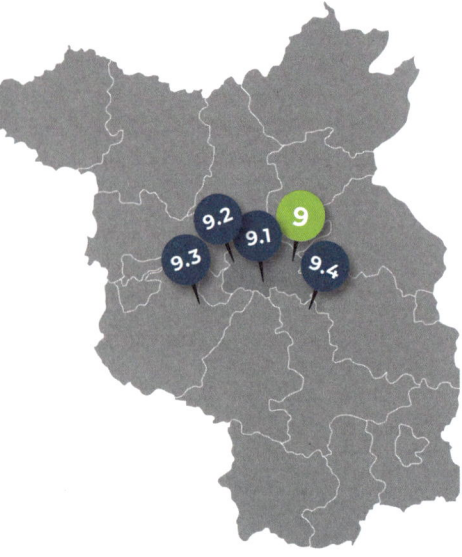

1 Britzer Garten

Farbenfroh geht es im Britzer Garten zu. Entstanden ist der weitläufige Landschaftspark zur Bundesgartenschau 1985. Bis heute laden Themengärten, der geologische Garten und die große Seenlandschaft zu einem entspannten Bummel ein. Ideal für den ersten Überblick ist aber die Fahrt mit der Parkbahn, die in einer Stunde den Park umrundet. Wer sich die einzelnen Bereiche unterwegs gleich näher anschauen will, steigt einfach an einem der fünf Haltepunkte aus und später wieder zu.

Eines der Highlights im Britzer Garten ist Europas größte Sonnenuhr. Ebenso interessant ist das Freilandlabor mit seiner Ausstellung über Pflanzen- und Tierwelten. Nicht nur Kinder besuchen außerdem gerne die Schafe, Esel, Enten und Ziegen in ihrem Gehege. Besonders zur Blütezeit bieten der Tulpen- und der Rosengarten sowie die Dahlienschau ein wahres Fest für die Sinne. Und wer sich nach dem ausgedehnten Spaziergang über das Areal erfrischen will, steigt schließlich ins Kneipp-Wassertretbecken.
Britzer Gärten, Sangerhauser Weg 1, 12349 Berlin, www.britzergarten.de

Britzer Garten

// Kulinarisch

Das Restaurant Café Britzer Mühle bietet feine Köstlichkeiten in besonderem Ambiente. An Sonn- und Feiertagen werden außerdem Führungen angeboten. Brot und Mehl direkt aus der Mühle werden freitags und samstags verkauft.

Großes Tropenhaus im Botanischen Garten Berlin

2 Botanischer Garten Berlin

Bereits 1889 gab Adolf Engler, der erste Direktor des Botanischen Gartens, das Motto »Die Welt in einem Garten« aus. Diesem ist die weitläufige Einrichtung in ihren Außenanlagen und Gewächshäusern bis heute treu geblieben. Mit etwa 22 000 Pflanzenarten aus allen Teilen dieser Erde zählt der Botanische Garten Berlin international zu den größten seiner Art. Je nach Jahreszeit präsentiert er sich immer wieder neu.

Schon architektonisch ist das Tropenhaus ein echtes Highlight. Mit seinen 25 Metern Höhe fällt das Jugendstilgebäude in Glas-Stahl-Bauweise sofort ins Auge. In seinem Innern sind zahlreiche teils ausgefallene Pflanzen zu bestaunen. Neben Bromelien und Orchideen leben hier Palmen und Riesenbambus. Auch das Mittelmeerhaus begeistert beim Rundgang mit seiner Architektur und typischen Pflanzen aus der Region. Spannend zu sehen sind ebenso die fleischfressenden Pflanzen. Und der Eukalyptus weckt mit seinem charakteristischen Duft die Sinne. *Botanischer Garten, Königin-Luise-Straße 6–8, 14195 Berlin, www.bo.berlin*

// Ganz in der Nähe

Einen Besuch wert ist die Domäne Dahlem. Hier fühlen Besucherinnen und Besucher sich in dörfliches Landleben versetzt. Neben dem Bauernhof befinden sich ein Museum, ein Hofladen und ein empfehlenswertes Landgasthaus auf dem Gelände.

③ Japanischer Garten Ferch

Klein, aber fein ist der Japanische Garten, der etwas versteckt in der Nähe des Schwielowsees liegt. Kaum haben die Gäste den Eingang durchquert, umweht sie ein Hauch von Japan. Sie tauchen ein in eine Welt der Perfektion und Stille. Über geschwungene Wege geht es vorbei an exakt platzierten Bäumen und Sträuchern sowie einem Teich. Je nach Jahreszeit leuchten Blumen und Bäume in kräftigen Farben. Auch die Bonsais, Bäume in Kleinformat, begeistern. Wer sich ein Exemplar für Zuhause zulegen will, findet hier außerdem fachlich ausgezeichnete Beratung.

Umgeben von einem Zen-Garten befindet sich ein Teehaus inmitten der Gartenanlage. Bei einem Schälchen Tee und typisch japanischem Gebäck können Besucherinnen und Besucher hier die Eindrücke aus dem Garten auf sich wirken lassen und von der Hektik des Alltags entspannen. Dabei begeistert die ausgezeichnete Auswahl an köstlichen Tees, die Teeliebhaber auch erwerben können.

Japanischer Bonsaigarten, Fercher Straße 61, 14548 Schwielowsee, www.bonsai-haus.de

// Anreise per Schiff

Perfekt für einen Tagesausflug eignet sich der Besuch des Japanischen Gartens in Kombination mit einer Schiffstour. Von Potsdam fährt der Dampfer bis Ferch, später geht es dann auf den restlichen Teil der Rundfahrt.

Japanischer Garten Ferch

4 Chinesischer Garten Zeuthen

Chinesische Pergola und Blick auf den Zeuthener See

Direkt am Zeuthener See bietet der Chinesische Garten einen schönen Platz zum Entspannen. Dabei folgt die Gartengestaltung den sieben Elementen, um die gewünschte Harmonie zu erreichen. Der chinesischen Symbolik entsprechend greift sie die Aspekte Erde, Himmel, Steine, Wasser, Gebäude, Wege und Pflanzen auf. Hinzu kommt schließlich als Achtes der Mensch, der durch Berücksichtigung der übrigen Elemente zu vollkommener Harmonie gelangt.

Wie in chinesischen Gärten üblich, ist auch in Zeuthen nie das große Ganze zu sehen. Mit jedem weiteren Schritt durch den Garten ergeben sich neue Ausblicke und Situationen. Geschickt wird der Blick durch die einzelnen Gestaltungselemente gelenkt, sodass sich neue Sichtachsen öffnen. Neben Bäumen, Sträuchern und Pflanzen kommen dabei unterschiedliche Materialien zum Einsatz. Nicht nur mit Blick auf den See lädt der idyllische Ort daher zum Verweilen und Abschalten vom Alltag ein. *Chinesischer Garten, Seestraße 79 a, 15738 Zeuthen, www.zeuthen.de*

// Stilecht

Direkt gegenüber dem Chinesischen Garten in Zeuthen liegt der Kaiser Pavillon. Das chinesische Restaurant bietet mit seiner ausgezeichneten Landesküche das passende Ambiente, um den Gartenbesuch abzurunden oder sich darauf einzustimmen.

Kleiner Teich im Eingangsbereich des Chinesischen Gartens

#Stadtschloss

10 Schloss Charlottenburg

Regierungssitz eines Königs war Schloss Charlottenburg nie, dennoch ist es das bekannteste Schloss Berlins. Erbaut wurde es Ende des 17. Jahrhunderts im Auftrag von Königin Sophie Charlotte, die es nur wenige Jahre bewohnte. Nach ihrem frühen Tod 1705 gab der König dem Schloss den Namen »Charlottenburg«. Bis 1888 diente der Bau schließlich den preußischen Königen als Sommerresidenz. Seitdem kann Schloss Charlottenburg besichtigt werden.

Bis heute begeistert nicht nur das prächtige Äußere. Auch die Innenräume und verschiedene Ausstellungen lohnen den Besuch. Ebenso empfehlenswert ist ein Spaziergang im weitläufigen Park – am besten mit Parkführung. *Schloss Charlottenburg, Spandauer Damm 10– 12, 14059 Berlin, www.spsg.de/schloesser-gaerten/objekt/ schloss-charlottenburg-altes-schloss/*

// Für Kunstinteressierte

Gegenüber von Schloss Charlottenburg liegen das Museum Berggruen und die Sammlung Scharf-Gerstenberg. Berggruen begeistert mit einer exzellenten Picasso- Ausstellung, während bei Scharf-Gerstenberg einmalige Werke des Surrealismus zu bestaunen sind.

Schloss Charlottenburg

Die Alternativen

1 Schloss Köpenick

Idyllisch auf einer Insel liegt Schloss Köpenick am Ufer der Dahme. Ursprünglich als Jagdschloss erbaut, wurde es ab 1677 für den späteren preußischen König Friedrich I. erweitert. Zur Anlage gehören auch eine Schlosskirche und ein schöner Park.

Heute ist das barocke Schloss Köpenick Standort des Kunstgewerbemuseums. Auf drei Etagen ist die Dauerausstellung »Raumkunst aus Renaissance, Barock und Rokoko« zu bestaunen. Prächtig sind die ausgestellten Werke, die neben kunstvoll gestalteten Truhen und Schränken auch Bildteppiche, Raumvertäfelungen aus Holz und edles Porzellan umfassen. Unbedingt notwendig ist beim Rundgang durch die Räume der Blick auf Decken und Wände. Denn üppig sind die Stuckverzierungen und die gesamte Ausgestaltung. Vor allem der Wappensaal im zweiten Obergeschoss begeistert mit dem ausgestellten Tafelservice sowie einer detailreichen Ausarbeitung an Wänden und Decken.

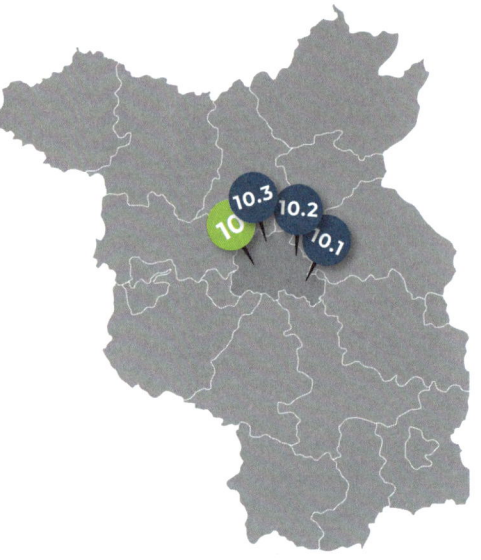

Seitlicher Blick auf das Schlossgebäude

Ein besonderes Erlebnis vor außergewöhnlicher Kulisse bieten Veranstaltungen und Konzerte im und um Schloss Köpenick. Von Juni bis August zählt dazu auch »Musik im Park«. Jeden Mittwoch ab 18 Uhr spielen Musiker verschiedener Genres bei freiem Eintritt auf der Schlossinsel. *Schloss Köpenick, Schlossinsel 1, 12557 Berlin, www.smb.museum/museen-einrichtungen/schloss-koepenick/home/*

// Kulinarische Abrundung

Ein Highlight ist der Sonntagsbrunch im Schlosscafé Köpenick. Mit Blick auf die Dahme oder in den historischen Räumen lässt sich die Auswahl an feinen Leckereien besonders genießen. Gefragt ist das Schlosscafé auch als Location für Veranstaltungen.

Schloss Friedrichsfelde

2 Schloss Friedrichsfelde

Schloss Friedrichsfelde punktet bereits mit seiner besonderen Lage. Denn der frühklassizistische Bau befindet sich mitten im Tierpark Berlin. Erbaut wurde er 1685 im damaligen Rosenfelde für den Generaldirektor der kurbrandenburgischen Marine Benjamin Raule. Nachdem Kurfürst Friedrich III. Raule verhaften ließ, ging auch das Schloss in seinen Besitz über und wurde – wie das Dorf – in Friedrichsfelde umbenannt. In der Folge wechselten die Schlossbesitzer häufig. Zuletzt in Familienbesitz war es bis 1945 bei Familie von Treskow, bei der auch Theodor Fontane häufiger zu Besuch war. Sogar in seinen Wanderungen durch die Mark

Brandenburg hat er Friedrichsfelde – »das Charlottenburg des Ostens« – daher erwähnt.

Dass Schloss Friedrichsfelde heute wieder restauriert in altem Glanz erstrahlt, verdankt es dem Gründungsdirektor des Tierparks Berlin Heinrich Dathe. Bei einem Besuch auf dessen weitläufigem Gelände sollte daher auch ein Abstecher ins Schloss nicht fehlen. Sehenswert sind die bemalten Wandtapeten, der Festsaal mit seinen Fresken und zahlreiche Kunstwerke aus dem 18. und 19. Jahrhundert. Einmal im Jahr können sich Gäste außerdem in vergangene Zeiten zurückversetzt fühlen, wenn im Sommer das Rokoko-Fest mit Schlossmarkt, Konzerten und in historischen Kostümen stattfindet. *Schloss Friedrichsfelde, Am Tierpark 41, 10319 Berlin, www.schloss-friedrichsfelde.de*

// Stimmungsvoll

Mit »Weihnachten im Tierpark« wartet zwischen Mitte November und Anfang Januar ein besonderes Event auf Besucherinnen und Besucher. Wunderschöne Lichtkunstwerke sorgen im gesamten Tierpark und um Schloss Friedrichsfelde für märchenhafte Stimmung.

wechselvolle Zeiten, bis es von 1949 bis 1960 Amtssitz des ersten DDR-Präsidenten Wilhelm Pieck wurde. Nach kurzer Zwischennutzung durch den DDR-Staatsrat diente es von 1964 bis 1989 als Regierungsgästehaus. Untergebracht waren dort Indira Gandhi, Leonid Breschnew, Fidel Castro und zuletzt Michail Gorbatschow.

Seit 2009 ist Schloss Schönhausen zu besichtigen. Glanzstück ist der Festsaal in der ersten Etage mit prächtigen Stuckarbeiten. Er zeigt die einzige in Berlin noch original erhaltene Raumgestaltung aus dem späten Rokoko. Sehenswert aus der Zeit der Königin sind außerdem wertvolle Tapeten und Einrichtungsgegenstände in den Wohn- und Repräsentationsräumen sowie das Treppenhaus. Zugänglich sind auch das Staatsgästeappartement der DDR-Regierung und Mobiliar aus dem Arbeitszimmer von Wilhelm Pieck. *Schloss Schönhausen, Tschaikowskistraße 1, 13156 Berlin, www.spsg.de/schloessergaerten/objekt/schloss-schoenhausen/*

Die Rückseite des Schlossgebäudes

3 Schloss Schönhausen

Wer Schloss Schönhausen besichtigt, wandelt auf den Spuren bekannter Persönlichkeiten, denn das Bauwerk im Berliner Ortsteil Niederschönhausen blickt auf eine bewegte Geschichte zurück. Sein heutiges Aussehen erhielt es ab 1764. Doch schon 1740 hatte Friedrich der Große das Schloss seiner Frau Elisabeth Christine als Sommerresidenz geschenkt. Getrennt von ihrem Ehemann verbrachte die Königin ab diesem Zeitpunkt bis zu ihrem Tod die Sommermonate in Schönhausen. Danach erlebte das Schloss

Seitenansicht des Schlosses

// Spaziergang im Park

Im Anschluss an den Besuch in Schloss Schönhausen lohnt ein Spaziergang durch den schönen Park. Er teilt sich auf in zwei Bereiche: den
ruhigeren in direkter Umgebung des Schlosses
und einen baumreichen Volkspark, durch den
auch die Panke fließt.

Frontansicht der Alten Nationalgalerie

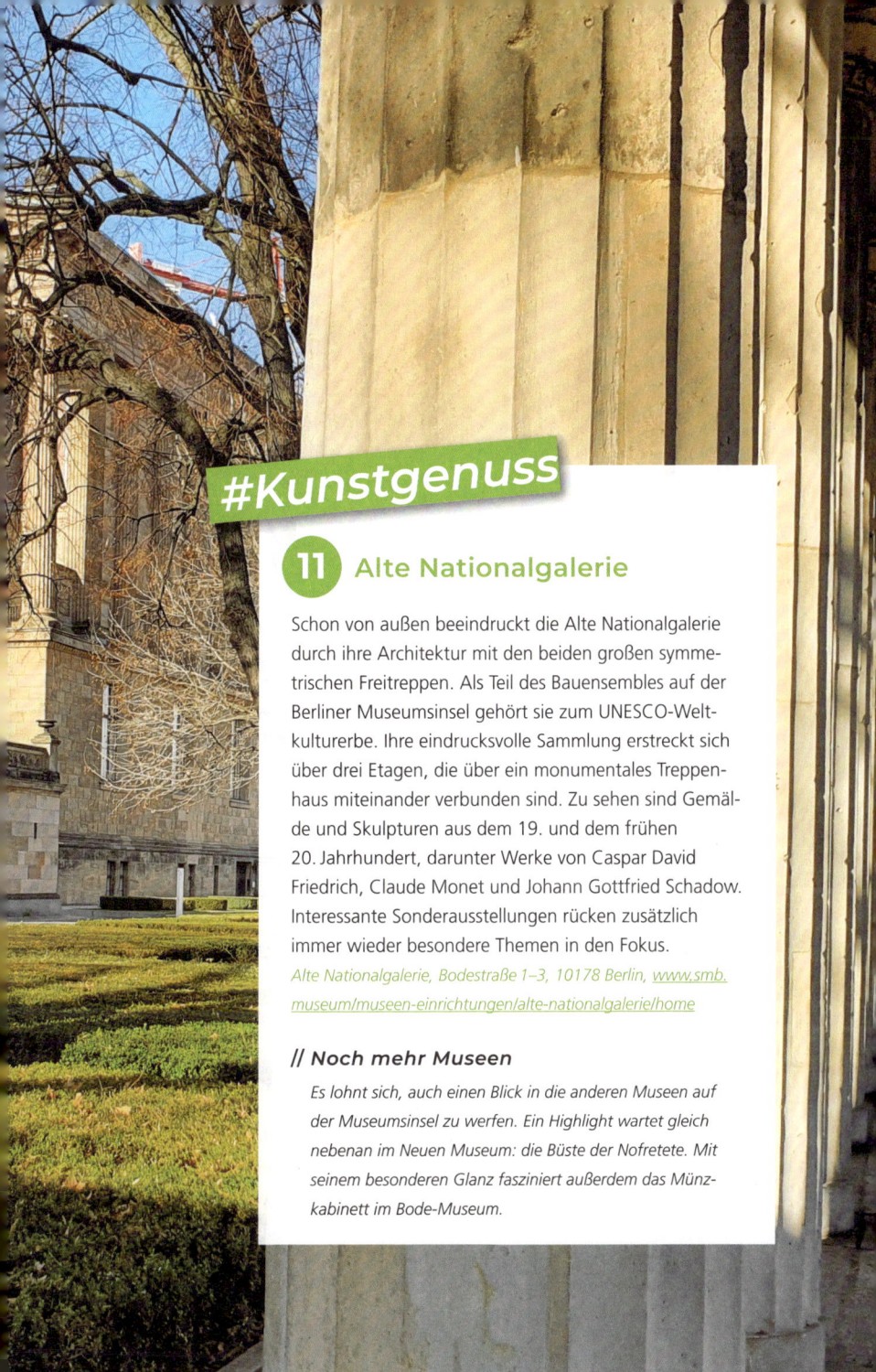

11 Alte Nationalgalerie

Schon von außen beeindruckt die Alte Nationalgalerie durch ihre Architektur mit den beiden großen symmetrischen Freitreppen. Als Teil des Bauensembles auf der Berliner Museumsinsel gehört sie zum UNESCO-Weltkulturerbe. Ihre eindrucksvolle Sammlung erstreckt sich über drei Etagen, die über ein monumentales Treppenhaus miteinander verbunden sind. Zu sehen sind Gemälde und Skulpturen aus dem 19. und dem frühen 20. Jahrhundert, darunter Werke von Caspar David Friedrich, Claude Monet und Johann Gottfried Schadow. Interessante Sonderausstellungen rücken zusätzlich immer wieder besondere Themen in den Fokus.

Alte Nationalgalerie, Bodestraße 1–3, 10178 Berlin, www.smb. museum/museen-einrichtungen/alte-nationalgalerie/home

// Noch mehr Museen

Es lohnt sich, auch einen Blick in die anderen Museen auf der Museumsinsel zu werfen. Ein Highlight wartet gleich nebenan im Neuen Museum: die Büste der Nofretete. Mit seinem besonderen Glanz fasziniert außerdem das Münzkabinett im Bode-Museum.

Die Alternativen

1 Julia Stoschek Collection

Von der alten Kunst zur Moderne. Ein Muss für alle, die zeitgenössische Kunst – und vor allem Medienkunst – schätzen, ist die Julia Stoschek Collection in den Räumen des ehemaligen tschechischen Kulturzentrums. Auf ihrem Gebiet ist sie eine der größten Privatsammlungen weltweit. Mehr als 870 Werke von 290 internationalen Künstlern und Künstlerinnen befinden sich inzwischen im Bestand. Dabei liegt der Fokus auf Foto-, Video- und Multimediainstallationen. Ergänzt wird die Sammlung durch Skulpturen und Malerei, was sie in ihrem interdisziplinären Ansatz einzigartig macht.

In den Räumen der Julia Stoschek Collection können Interessierte die Kunstwerke in wechselnden Einzel- und Gruppenausstellungen bestaunen. Interessant ist vor allem die Möglichkeit, sich in unterschiedlichen Formen damit auseinandersetzen zu können: Neben dem individuellen Besuch zu den Öffnungszeiten werden Führungen angeboten. Außerdem gibt es immer wieder die Gelegenheit, die Sammlung bei Performances, Vorträgen oder

Logo der Julia Stoschek Collection im Fenster des ersten Obergeschosses

Künstlergesprächen zu erleben und so auf eine ganz andere Art zu erfahren. Im Fundus von Julia Stoschek befinden sich neben vielen anderen Arbeiten von Ed Atkins, Loretta Fahrenholz und Helen Marten.

Leipziger Straße 60, 10117 Berlin, www.jsc.art.

// Wichtig zu wissen

Die Julia Stoschek Collection ist nur am Samstag und Sonntag geöffnet. Öffentliche Führungen werden in Deutsch und Englisch angeboten und dauern 60 Minuten. Interessierte können sich hierzu über das Buchungssystem anmelden.

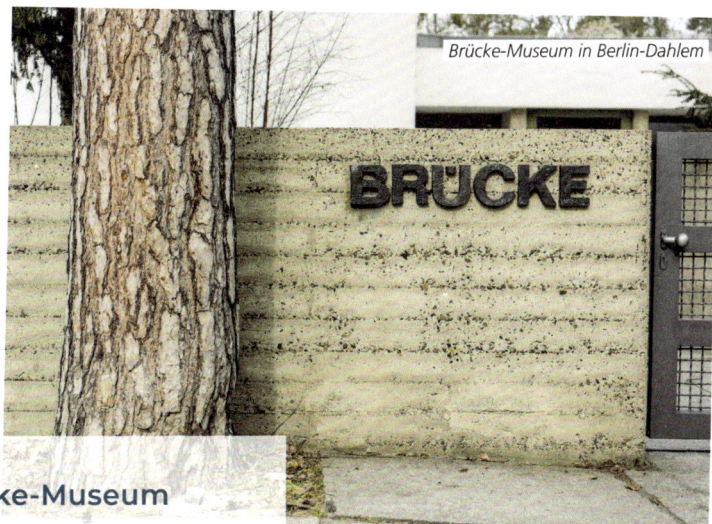

Brücke-Museum in Berlin-Dahlem

2 Brücke-Museum

In seinen modernen Räumen präsentiert das Brücke-Museum die weltweit größte zusammenhängende Sammlung mit Werken von Künstlern der expressionistischen Künstlergruppe Brücke. Dabei umfasst der Fundus mehr als 400 Gemälde und tausende Zeichnungen, Aquarelle, Grafiken und Skulpturen. Zusammengekommen ist diese Vielzahl an Ausstellungsstücken vor allem aus dem Nachlass von Brücke-Mitgliedern sowie aus Schenkungen. Zu den gezeigten Künstlern zählen Ernst Ludwig Kirchner und Karl Schmidt-Rottluff, der in den 1960er Jahren auch den Neubau dieser Ausstellungsräume in Berlin angeregt hatte. Das Brücke-Museum befindet sich in einem eleganten Bungalow am Rand des Berliner Grunewalds. In seinem Standort spiegelt sich bereits die Naturverbundenheit der Künstler wider.

Auch die helle und schlichte Gestaltung der vier großen Räume hat ihre Funktion. Denn hier wirken die farbenfrohen Arbeiten besonders eindrucksvoll. Ergänzt wird die reguläre Ausstellung durch regelmäßige Sonderausstellungen. Zu sehen sind dann Werke ehemaliger Künstler-Kollegen, mit denen die Brücke-Mitglieder in ihrer Schaffenszeit regen Austausch pflegten.

Bussardsteig 9, 14195 Berlin, www.bruecke-museum.de

// Um die Ecke

Neben dem Brücke-Museum befindet sich das Atelierhaus Dahlem. Zu sehen ist dort Kunst der deutschen Nachkriegsmoderne aus Ost und West – vor allem aus den Jahren 1945 bis 1961. Im Skulpturenpark werden Werke von Bernhard Heiliger präsentiert.

3 Schinkel Pavillon

Klein, aber fein sind die Ausstellungen im Schinkel Pavillon. Das Haus hat sich der experimentellen zeitgenössischen Medienkunst verschrieben. Auch Skulpturen und Installationen werden gezeigt. Betreiber des Schinkel Pavillons ist der gleichnamige Kunstverein.

Sehenswert sind jedoch nicht nur die gezeigten Exponate, sondern auch die Architektur. Das denkmalgeschützte achteckige Gebäude befindet sich im Park des Kronprinzenpalais. In seiner Gestaltung verbinden sich Klassizismus und Moderne. Dabei gelingt es dem Kunstverein immer wieder, in seinen Ausstellungen eine Verbindung zu den einzigartigen Räumen zu schaffen. Beim Besuch gilt es jedoch aufzupassen. Die großen Fensterfronten rundum verführen regelrecht dazu, seinen Blick von den Exponaten abschweifen zu lassen und die Umgebung zu betrachten. Immerhin sind dort so wichtige Sehenswürdigkeiten wie der Fernsehturm, der Berliner Dom, die Friedrichswerdersche Kirche oder auch das Humboldt Forum zu entdecken.

Schinkel Pavillon, Oberwallstraße 32, 10117 Berlin, www.schinkelpavillon.de

// Aussichtsreich

Vom Schinkel Pavillon ist es nicht weit zum neuen Humboldt Forum. Neben dem Rundgang durch die interessanten Ausstellungen lohnt dort auch die Auffahrt auf die Dachterrasse, die einen wunderbaren Panoramablick bietet. Dieser Besuch ist kostenfrei.

Gläserne Kuppel des Bundestags

#Ganz umsonst

12 Besuch im Bundestag

Kaum ein Berliner Gebäude flimmert so oft über die Fernsehbildschirme wie das Reichstagsgebäude. Was sich in seinem Inneren verbirgt, können Interessierte kostenlos bei einer Führung erfahren. Dabei informiert der Besucherdienst über Geschichte und Architektur sowie über Arbeitsweise und Aufgaben des Parlaments. Wer einmal den Parlamentariern bei einer Debatte über die Schultern schauen will, bucht den Besuch einer Plenarsitzung. Auch die Auffahrt zur Dachterrasse mit anschließendem Rundgang in der Kuppel des Reichstagsgebäudes lohnt sich sehr: Aus 40 Metern Höhe bietet sich von dort ein herrlicher Rundblick auf die Stadt.

Reichstagsgebäude/Bundestag, Platz der Republik 1, 11011 Berlin, www.bundestag.de/besuche/fuehrung

// Unbedingt beachten

Die Besichtigung des Bundestags erfordert eine vorherige Anmeldung. Das gilt für die Teilnahme an einer Führung, den Besuch einer Plenarsitzung und die Auffahrt zur Dachterrasse. Nähere Informationen zu den Bedingungen sind auf der Website zu finden.

Die Alternativen

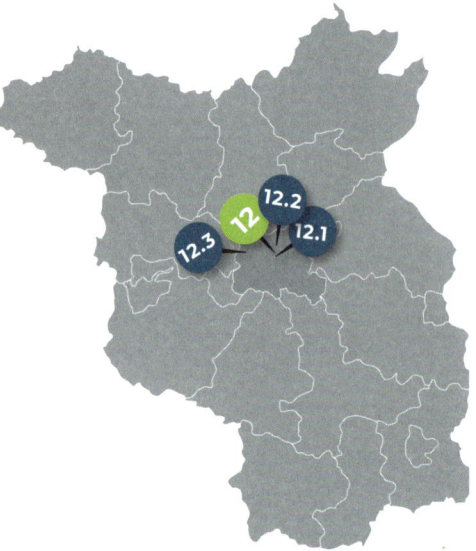

1 Lunchkonzert der Berliner Philharmoniker

Längst nicht mehr aus dem Berliner Kulturangebot wegzudenken sind die kostenlosen Lunchkonzerte der Berliner Philharmoniker. Jeden Mittwoch zwischen September und Juni gibt es um 13 Uhr klassischen Hochgenuss für die Ohren. Dann spielen Mitglieder der Berliner Philharmoniker, Stipendiaten der Karajan-Akademie oder Instrumentalisten des Deutschen Symphonieorchesters, der Staatskapelle Berlin und Studierende von Berliner Musikschulen Kammermusik im Foyer der Philharmonie. Die Aufführung dauert etwa 40 bis 50 Minuten und folgt einem wechselnden Programm.

Wer mag, gestaltet seine Mittagspause beim Lunchkonzert jedoch nicht nur musikalisch. Auch an die Kulinarik wurde gedacht. Für einen geringen Kostenbeitrag werden vor Ort kleine Köstlichkeiten angeboten. Da die Zahl der Zuhörerinnen und Zuhörer auf 1500 begrenzt ist, lohnt es sich, frühzeitig an der Philharmonie zu sein. Der Zugang wird über einen Chip ge-

Beim Lunchkonzert der Berliner Philharmoniker

regelt, der an den Eingangstüren ausgeteilt wird und sofort danach beim Betreten des Foyers wieder abzugeben ist. Eine Reservierung ist nicht möglich.

Philharmonie, Herbert-von-Karajan-Straße 1, 10785 Berlin, www.berliner-philharmoniker.de/konzerte/ lunchkonzerte/

// Noch mehr Musik

Im Hotel Adlon Kempinski wird die Lobby jeden Samstag ab 18.15 Uhr für eine halbe Stunde zum Konzertsaal. In der Musikreihe »Kempinski Concertini« spielen dann junge internationale Instrumentalisten die Musik großer Komponisten.

Futurium bei nächtlicher Beleuchtung

2 Futurium

Während sich die meisten Museen der Vergangenheit widmen, hat im Futurium die Zukunft ihr eigenes Museum bekommen. Unter den Leitmotiven »Entdecken«, »Ausprobieren«, »Diskutieren« geht es auf drei Etagen durch eine spektakuläre Ausstellung. Die entscheidende Frage dabei ist, wie wir als Gesellschaft künftig leben wollen. Im Mittelpunkt stehen dabei die drei Themenbereiche Mensch, Natur und Technik.

Tatsächlich gibt es im Futurium wie auch im echten Leben nicht die eine richtige Antwort auf die vielen offenen Fragen zur Zukunft. Denn jeder Mensch setzt andere Schwerpunkte und nimmt damit Einfluss auf die Entwicklung. Besonders spannend wird es im Futurium Lab. Im Mitmachbereich des Museums ist jeder angeregt, sein eigenes Entdecker-Gen zu erwecken. Nach Lust, Laune und Talent geht es darum, seine Fähigkeiten einzusetzen. So werden in der

Versuchsküche neue Wege der Ernährung ge-
sucht. Die Werkstatt lädt zum Basteln und Bau-
en ein. Bestens ausgestattet stellen Erfinder hier
ihre persönlichen Prototypen zusammen. Und
Musiktalente komponieren mit Unterstützung
von künstlicher Intelligenz ihren eigenen Song.
Futurium, Alexanderufer 2, 10117 Berlin,
www.futurium.de

// Ebenso hip

Ebenfalls kostenlos und außergewöhnlich ist das
Street Art Museum Urban Nation. Dabei versteht
es sich als Projekt, das über die Ausstellungs-
räume hinausreicht. Neben den vor Ort gezeig-
ten Exponaten zählen Wandmalereien in der
Stadt zur Ausstellung.

3 rbb-Führung

Fernsehen als Zuschauerin oder Zuschauer
kennt jeder. Umso spannender ist der Blick hinter die Kulissen. Wie Fernsehen gemacht wird,
zeigt die kostenlose Führung beim rbb. Jeden

Dienstag, Donnerstag und Samstag geht es da-
bei in etwa 90 Minuten durch die verschiedenen
Medienbereiche des Senders. Dazu zählen
neben Fernsehen auch das Radio und der große
Online-Bereich. Nicht fehlen darf außerdem ein
Blick auf die denkmalgeschützte Architektur des
Hauses und die Geschichte des rbb.

Ein erstes Highlight beim Rundgang ist das große Fernsehstudio. Gesendet werden von dort
die Magazine »Kontraste« und »rbb Praxis«.
Was hier vor allem auffällt: Die Studiogröße erscheint deutlich kleiner als erwartet. Spannend
für Fans von Hörproduktionen wird es dann im
Live-Radiostudio und im Hörspielkomplex des
Senders. Interessant sind dabei vor allem auch
die Anekdoten, mit denen der Besucherservice
seine Erläuterungen auszuschmücken weiß,
bevor es schließlich in den großen Sendesaal
geht. Beeindruckend ist hier eine bauliche Besonderheit: Tatsächlich steht der Saal auf einem
eigenen Fundament, um Schwingungen zu ver-
hindern. *Haus des Rundfunks und Großer Sendesaal,*
Masurenallee 8–14, 14057 Berlin, www.rbb-online.de/
unternehmen/service

// In der Nähe

Vom rbb ist es nicht weit bis zum Olympiastadion.
Kostenlos sind Besichtigung und Führung hier
zwar nicht, ein Erlebnis ist der Blick hinter die
Kulissen aber dennoch. Einen guten Eindruck
von der Größe gibt es aber bereits vom Vorplatz
aus.

Backsteingebäude vom Haus des Rundfunks

Hauptgebäude des rbb

13 Tiergarten

Eine grüne Insel mitten im hektischen Berlin: So lässt sich der Große Tiergarten zwischen Brandenburger und Charlottenburger Tor am besten beschreiben. Im 16. Jahrhundert diente er den Kurfürsten von Brandenburg als Jagdrevier, bevor er als Waldpark zur Erholung genutzt wurde. Friedrich der Große machte das Gebiet der Bevölkerung zugänglich und ließ den Park zum Landschaftsgarten umgestalten. Die kleinen Wasserläufe und Seen, zahlreiche Brücken und einzelne Anlagen haben sich bis heute erhalten. Auch einige Standbilder und Skulpturen sind noch zu sehen. Außerdem erinnern Gedenkstätten und Denkmäler an Ereignisse der jüngeren Vergangenheit. *Anreise über S-Bahnhof Tiergarten.*

// Für Sportler

Perfekt ist der Tiergarten für alle, die sportlich unterwegs sein wollen. Neben einer Auswahl an Joggingstrecken bietet sich auf dem Neuen See die Gelegenheit für eine Ruderpartie. Mit Glück sind auf der Runde Graureiher oder Schildkröten zu sehen.

Im Großen Tiergarten von Berlin

Die Alternativen

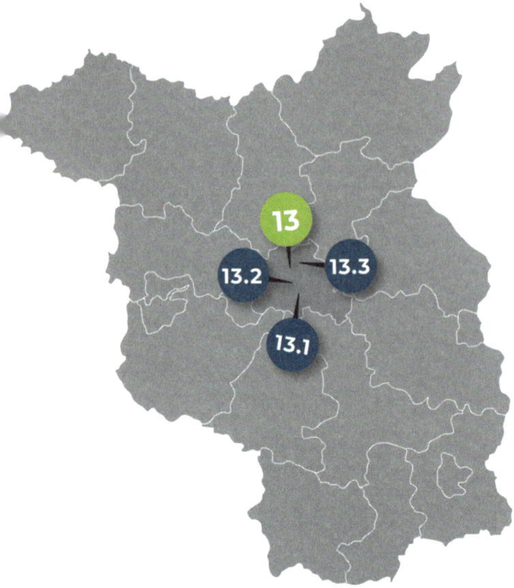

1 Alter Park in Tempelhof

Ein wenig versteckt liegt der Alte Park in Tempelhof. Doch die Suche danach lohnt sich. Denn hier wartet abseits vom städtischen Trubel eine schöne ruhige Parkanlage mit altem Baumbestand, in der es sich wunderbar entspannen lässt. Auf einem kleinen See drehen Enten ihre Runden, auch Vögel sind hier zu beobachten. Überall laden Bänke zu einer Pause ein. Wer lieber ein längeres Sonnenbad genießen will, nutzt die drehbaren Liegestühle. Auch Kunstliebhaber werden im Alten Park fündig. Zu sehen sind abstrakte Skulpturen aus Edelstahl. Eine ist das Werk des Bildhauers Karl Menzen und trägt den Titel »Stauchung – harmonisch«, die andere ist »Laokoon III« von Volkmar Haase. Der Alte Park in Tempelhof grenzt direkt an die Dorfkirche. Sie stammt aus der Mitte des 13. Jahrhunderts und ist mit einer Fläche von 235 Quadratmetern die größte aller Berliner Dorfkirchen. Auch ihr Friedhof ist noch erhalten. Ein Gedenkstein erinnert hier an die 47

Blick vom Park auf die Dorfkirche

Berliner und Brandenburger, die 2004 Opfer des Tsunami im Pazifik wurden.

Wer längere Spaziergänge bevorzugt, findet im Alten Park ausreichend Möglichkeiten, denn mit dem Bosepark und dem Lehnepark ist er Teil einer zusammenhängenden Parkanlage. *Die nächstgelegenen U-Bahn-Stationen sind Alt-Tempelhof und Kaiserin-Augusta-Straße.*

// Für Architekturfans

Nur eine U-Bahn-Station entfernt liegt das Ullsteinhaus. Der Backsteinbau des ehemaligen Verlagsgebäudes ist weithin sichtbares Wahrzeichen und schönes Fotoobjekt. Ein paar Informationen zu seiner Geschichte befinden sich auf Tafeln im Erdgeschoss.

gebauten Gebirgslandschaft integriert wurde. Nachempfunden ist die Landschaft dem Riesengebirge, das zur damaligen Zeit beliebtes Reiseziel der wohlhabenden Bevölkerung war. Tatsächlich weckt das Rauschen des über eine Pumpe gespeisten Wasserfalls auch heute die Illusion, an einem Gebirgsbach unterwegs zu sein. Traditionell geht er immer am 1. Mai in Betrieb, sodass sich ein ausgedehnter Spaziergang über die verschlungenen Pfade im Viktoriapark ab dann besonders lohnt. *Die nächstgelegene S-Bahn-Station ist Yorckstraße.*

// Im Milieu

Ganz in der Nähe, in der Fidicinstraße 40, befindet sich das Kurt-Mühlenhaupt-Museum. Zu sehen sind dort Werke des Berliner Milieumalers. Spannend sind auch die angebotenen Hörspaziergänge zu Stationen seines Lebens in Kreuzberg.

2 Viktoriapark

Rund um die höchste Erhebung der Berliner Innenstadt wurde der Viktoriapark angelegt. Auf 66 Metern Höhe genießt man von hier die Aussicht auf die Stadt am Nationaldenkmal. Romantiker dürfen sich hier besonders bei Sonnenuntergang auf ein schönes Erlebnis freuen. Das imposante Denkmal steht auf einem achteckigen Sockel und ähnelt dem Turm einer Kathedrale. Zu bieten hat der Viktoriapark aber noch mehr Außergewöhnliches: Nach gut 200 Jahren Pause wurde der Kreuzberg Ende der 1960er-Jahre wieder zum Weinberg. Etwa 300 Rebstöcke tragen die Trauben für den Kreuz-Neroberger, der allerdings nur als Präsent des Bezirksamts oder gegen eine Spende abgegeben wird.

Ein weiteres Highlight im Park ist ein Wasserfall, der 1894 in einer täuschend echt nach-

Spitze des Schinkel'schen Nationaldenkmals

3 Bürgerpark Pankow

Uralter Baumbestand prägt den Bürgerpark
Pankow. Neben heimischen Arten wie Eiche,
Buche und Ahorn kann man auch außerge-
wöhnlichere Exemplare bestaunen. Dazu zählen
der Maulbeerbaum, der Trompetenbaum und
der Tulpenbaum. Als Naturdenkmal ausgewie-
sen wurden eine 100 Jahre alte Sumpfzypresse,
eine amerikanische Roteiche und eine Rotbu-
che. Im Sommer begeistern außerdem die zahlreichen Rosensorten im Anfang der 1990er-Jah-
re angelegten Rosengarten. Es gibt ein Café mit
Biergarten, wo man bei Kaffee und Kuchen
oder auch einem Eis die Pracht in aller Ruhe
genießen kann.

Eingangstor an der Wilhelm-Kuhr-Straße

Im Bürgerpark an der Panke

Imposant ist bereits das Eingangstor in den Park an der Panke. Hier erkennt man bis heute die herrschaftliche Vergangenheit der Anlage. Ursprünglich befand sie sich in Privatbesitz und wurde als Landschaftsgarten um den Landsitz der Familie von Horn angelegt. 1907 kaufte die Gemeinde Pankow das Gelände. Sein heutiges Aussehen erhielt der Bürgerpark Pankow Mitte der 1960er-Jahre. Neben einem Besuch im Ziegengehege lohnt auch der Blick auf die Vogelvolieren und einige interessante Skulpturen deutscher Bildhauerinnen und Bildhauer.
Haltestelle Bürgerpark.

// Für Familien

Kinder finden Parkspaziergänge meistens wenig spannend. Der Kinder-Bauernhof Pinke-Panke schafft hier Abhilfe, denn hier können sie nach Herzenslust spielen, Tiere beobachten und werken. Auch für einen Imbiss ist gesorgt. Die Begleitung durch einen Erwachsenen ist allerdings erforderlich.

Stadtbesichtigung vom Wasser aus

#Auf dem Wasser

14 Stadtrundfahrt in Berlin

Warum bei der Stadtrundfahrt nicht einfach einmal die Perspektive wechseln? Mit dem Berliner Wassertaxi kann man zahlreiche Sehenswürdigkeiten in Berlins alter Mitte bei einer etwa einstündigen Tour vom Wasser aus entdecken. Eine wunderbare Rundumsicht bei jedem Wetter bieten dabei die drei Grachtenboote »Koningin Wilhelmina«, »Prins Bernhard« und die mit einem Elektromotor ausgerüstete »Oranje Nassau«, die auf der Strecke vom Zeughaus über den Kupfergraben und das Regierungsviertel bis zum Kanzleramt unterwegs sind. Launige Erklärungen zu den Highlights am Ufer gibt es dazu fast immer live von den Guides an Bord.

Berliner Wassertaxi, www.berlinerwassertaxi.de, Tickets sind online und vor Ort erhältlich.

// Mit mehr Zeit

Sehr zu empfehlen ist auch eine längere Stadtrundfahrt auf dem Wasser. In zweieinhalb Stunden geht es dabei über einige der zahlreichen Berliner Wasserstraßen. Herrlich naturnah ist der Streckenabschnitt auf dem Landwehrkanal.

Die Alternativen

14.1 14 14.3 14.2

1 Fahrt über den Tegeler See

Mit einer Fläche von etwa 450 Hektar ist der im Nordwesten Berlins gelegene Tegeler See der zweitgrößte der Stadt. Von dort geht es mit dem Schiff auf einer etwa zweistündigen Tour zu den idyllischen Landschaften und Inselwelten der Oberhavel. Kaum an der Greenwichpromenade in Tegel gestartet, rückt mit der Villa Borsig aber erst einmal ein Stück Stadtgeschichte in den Blick. Das frühere Landhaus der Berliner Unternehmerfamilie Borsig liegt auf der Halbinsel Reiherwerder und ist heute Gästehaus des Auswärtigen Amtes. Zu sehen ist der Bau mit seinem schönen Garten nur aus der Wasserperspektive und aus einiger Entfernung.

Weiter geht die Fahrt mit dem Dampfer an der ruhigen Siedlung Konradshöhe mit ihren schönen Einfamilienhäusern und Villen vorbei. Immer wieder begeistert unterwegs der Blick in die Natur und unversehens ist schließlich Nieder Neuendorf erreicht. Bis heute weist dort der gut erhaltene Grenzturm auf die jüngere Geschichte hin. In seinem Innern informiert eine Ausstellung über den Alltag der DDR-Grenztruppen und die Geschichte von Flüchtlingen, Ausreisewilligen und Oppositionellen. Für die »MS Havel

Blick auf die Fußgängerbrücke Oberhavelsteg

Queen« ist es hier an der Zeit, kehrtzumachen. Vorbei an Inseln wie Valentinswerder oder Baumwerder schippert sie zurück nach Tegel.

Verschiedene Reedereien bieten Ausflugsfahrten vom Tegeler See über die Oberhavel. Startpunkt ist die Greenwichpromenade – einen knappen Kilometer von der Endhaltestelle der U6 entfernt.

// *Schöne Wanderung*

In den Tegeler See mündet das Tegeler Fließ. Direkt am Ufer dieses Bachs führt ein Wanderweg zum Teil auf Bohlen durch eine herrliche Natur- und Sumpflandschaft. Wer Glück hat, trifft dort auf eine Herde Wasserbüffel.

Moby Dick auf dem Müggelsee in der Nähe der Anlegestelle Friedrichshagen

2 Müggelseerundfahrt

Bis zu acht Meter tief ist Berlins größter See: der im Südosten gelegene Müggelsee. Doch mit Superlativen ist es damit noch nicht getan. Denn mit den knapp 115 Meter hohen Müggelbergen grenzt auch die höchste Erhebung der Stadt direkt an den See. Wer sich hier auf einer Schifffahrt den Wind um die Nase wehen lassen will, kann sich deshalb vor allem auf Idylle und Naturgenuss einstellen. Doch vorher hat er oder sie die Qual der Wahl. Schließlich werden verschiedene Touren mit dem Schiff angeboten. Die Tour »Rund um die Müggel-

berge« ist dabei die längste – und bietet den besten Überblick.

Besonders erholsam wird der Schiffsausflug bei Abfahrt am Treptower Hafen. Nach etwa einer Stunde Fahrt über die Spree kommt die hübsche Köpenicker Altstadt mit dem berühmten Rathaus in Sicht. Ein kurzer Stopp – und schon geht es weiter vorbei am Schloss auf den Großen Müggelsee. Nichts zu spüren ist hier von der quirligen Großstadt. Stattdessen wartet die idyllische Siedlung Neu-Venedig mit zauberhaften, an schmalen Kanälen gelegenen Grundstücken. Natur pur erleben die Fahrgäste auf dem Dämeritzsee, am Gosener Kanal und auf dem Seddinsee. Nicht mehr weit ist es dann bis zur internationalen Regattastrecke Grünau, die der Dampfer auf dem Rückweg in Richtung Köpenick und Treptow passiert.

Die Länge der Fahrten variiert zwischen einer und gut fünf Stunden. Je nach Anbieter und Tour unterscheiden sich die Abfahrtsorte.

// Für Saunafans

Entspannung garantiert schon die Idylle rund um den Müggelsee. Steigern lässt sich das Wohlfühlgefühl in der SpreeBanja – einem Saunaboot mit gemütlichem Ambiente und Übernachtungsmöglichkeit. Zur Abkühlung wartet nach dem Saunagang der See.

Dampfer auf dem Wannsee

Anlegestelle Wannsee

3 Wannsee

Spätestens seit Conny Froboess Anfang der 1950er-Jahre in ihrem Lied »Pack die Badehose ein …« den Wannsee besang, hat sich der See im Südwesten Berlins mit seinem Strandbad als Badeparadies etabliert. Dabei lohnt sich gerade auch hier der Perspektivwechsel und ein Blick vom Schiff Richtung Ufer. Nicht nur sieben Seen und herrliche Landschaft gibt es dabei zu bestaunen. Auf keiner anderen Schiffstour lassen sich so viele historisch bedeutsame Höhepunkte entdecken.

Bald nach dem Ablegen führt die Fahrt in den Kleinen Wannsee und vorbei an beeindruckenden Villen. Herrliche Natur erleben die Fahrgäste auf dem weiteren Weg durch Pohlesee und Stölpchensee. Auf dem Griebnitzsee und der Glienicker Lake warten die ersten Schlösser der Tour: Schloss Babelsberg, der ehemalige Sommersitz von Kaiser Wilhelm I. und heutiges UNESCO-Weltkulturerbe, und das Jagdschloss Glienicke. In die jüngere Vergangenheit weist schließlich das folgende Highlight: Auf dem Weg in die Havel unterquert der Dampfer die Glienicker Brücke, die im Kalten Krieg durch Agentenaustausch zu einem bedeutsamen Ort wurde. Bevor die Schifffahrt am Wannsee endet, wird es noch einmal geschichtsträchtig. Zu sehen sind noch Schloss Cecilienhof, das Haus der Wannseekonferenz und die Villa Liebermann.

Start ist an der Anlegestelle Wannsee, gut zu erreichen über den nahe gelegenen Bahnhof Wannsee.

// Nach der Schiffstour

Wer die Eindrücke der Schifffahrt im Anschluss noch ein wenig vertiefen will, setzt sich bei gutem Wetter in den Biergarten des Loretta am Wannsee. Von dort bietet sich ein wunderschöner Blick auf den See. Achtung: Montag ist Ruhetag.

#Aussichts-punkt

15 Fernsehturm

Egal, aus welcher Richtung Besucher sich der Mitte
Berlins nähern, schon von Weitem weist ihnen die markante Silhouette des Fernsehturms den Weg. Denn mit
seinen 368 Metern Höhe ist er nicht nur das höchste
Bauwerk Deutschlands, sondern auch ein echter Hingucker. Dabei bietet der von den Berlinern liebevoll Tele-
spargel genannte Fernsehturm auch selbst eine grandio-
se Aussicht auf die Stadt und bis ins Umland. Mit dem
Fahrstuhl geht es dazu in gut 40 Sekunden in die Turm-
kugel. In der Aussichtsetage auf 203 Metern Höhe erklären Schautafeln das Stadtbild. Und wer den Panoramablick bei einem guten Essen genießen möchte, steigt
eine Etage höher ins Restaurant Sphere.

Berliner Fernsehturm, Panoramastraße 1a, 10178 Berlin

// Für Ungeduldige

Wer keine Lust auf Schlangestehen hat, sollte sich auf der
Website www.tv-turm.de vorab ein Online-Ticket buchen.
Ohne Wartezeiten führt der Weg dann zur festgelegten
Uhrzeit an der Warteschlange vorbei direkt zum Aufzug.

Die Alternativen

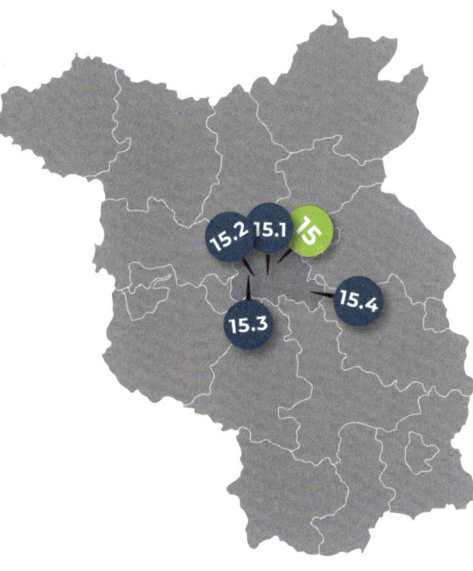

1   Panoramapunkt

Eines der höchsten Gebäude Berlins befindet sich am Potsdamer Platz: der Kollhoff-Tower. Im dortigen Panoramapunkt können Besucher auf zwei Etagen einen Ausblick über das quirlige Treiben rundherum genießen. Schon der Weg nach oben ist rasant: In 20 Sekunden rauscht der schnellste Aufzug Europas bis auf 100 Meter Höhe. Auf der 24. Etage befinden sich die erste Aussichtsebene, ein Café und eine Ausstellung. Diejenigen, die mehr über die Geschichte des Potsdamer Platzes erfahren wollen, finden hier auf zahlreichen Tafeln Wissenswertes in Text und Bild.

Von der Aussichtsplattform auf der 25. und damit obersten Etage des Kollhoff-Tower gibt es schließlich den perfekten Überblick. Gut zu sehen sind ganz in der Nähe das Brandenburger Tor, der Reichstag und das Bundeskanzleramt. Weiter weg in der City West reicht der Blick bis zur Gedächtniskirche, dem Europa-Center und sogar zum Teufelsberg. In der City Ost sind als markante Punkte der Gendarmenmarkt und der Fernsehturm am Alex gut zu erkennen.

Panoramapunkt, Potsdamer Straße 1, 10785 Berlin,
www.panoramapunkt.de

// Heimlich & Co.

In kurzer Laufdistanz wird es geheimnisvoll. Dort entführt das Deutsche Spionagemuseum in die Welt der Nachrichtendienste. Zu sehen gibt es interessante Exponate aus der Zeit vom Ersten Weltkrieg bis heute. Und wer selbst aktiv werden will, geht in einem Büro auf Wanzensuche.

Blick über den Tilla-Durieux-Park Richtung Tempodrom

2 Funkturm

Wesentlich älter als der Fernsehturm ist sein »Bruder« im westlichen Teil der Stadt: der Funkturm auf dem Berliner Messegelände. Mit seiner Stahlkonstruktion erinnert er ein wenig an den Eiffelturm in Paris. Von seiner Aussichtsplattform in 126 Metern Höhe konnten Besucher früher sogar den Fliegern auf dem Flughafen Tegel bei Start und Landung zusehen. Bis heute begeistert aber der Blick über die City. Zu sehen sind unter anderem das Olympiastadion im Westen und die Gedächtniskirche im Osten, wie die Schaubilder verraten.

Auf dem Funkturm lässt sich der Ausblick sogar windgeschützt genießen, denn die Aussichtsplattform in der unteren Etage ist komplett geschlossen. Wer sich den Wind um die Nase wehen lassen und blendfrei fotografieren will, steigt auf die Ebene darüber. Auf knapp halber Höhe können Besucher das Panorama bei einem guten Essen genießen. Das Besondere dabei ist das nostalgische Ambiente des Restaurants, bis heute ist die Einrichtung in Original-Jugendstil gehalten.

Funkturm Berlin, Hammarskjöldplatz, 14055 Berlin,
www.funkturm-messeberlin.de

// Gut zu wissen

Bei starkem Wind fährt der Fahrstuhl hinauf zur Aussichtsplattform nicht. Und auch an Messetagen ist die Auffahrt auf den Funkturm nur eingeschränkt möglich. Zugang haben dann nur Messebesucher mit gültiger Eintrittskarte.

Funkturm Berlin

3 Drachenberg

Einer der schönsten Aussichtspunkte Berlins liegt nicht auf einem Gebäude, sondern mitten im Grünen auf dem Drachenberg im Grunewald. Entstanden ist diese Erhebung aus dem Trümmerschutt des Zweiten Weltkriegs. Und für Berliner ist sie mit ihren 99 Metern Höhe tatsächlich schon ein echter Berg. Sportlich geht es über 280 Treppenstufen oder ein paar Waldwege hinauf zum Plateau. Oben entschädigt ein wunderbarer Rundblick für die Anstrengung. Gut zu sehen sind nicht nur die Abhörstation auf dem benachbarten Teufelsberg, das nahe Olympiastadion und das Messegelände mit dem Funkturm. Bei guter Fernsicht reicht der Blick sogar bis hin zum Fernsehturm am Alexanderplatz und zu den Müggelbergen im Südosten der Stadt.

Blick vom Drachenberg

Zu seinem Namen gekommen ist der Drachenberg, weil Kinder auf dem Plateau gerne ihre Drachen steigen lassen. Und die fast immer guten Windverhältnisse dort oben sorgen dafür, dass viele Berliner Familien diesem Vergnügen regelmäßig nachgehen. Doch auch wer die Aussicht über die Stadt gerne bei einem Picknick genießt, findet immer einen gemütlichen Platz. Ein ganz besonderes Erlebnis ist das am Abend, wenn die Sonne langsam untergeht und die Lichter Berlins zu leuchten beginnen.

Drachenberg, Teufelschaussee 2, 14055 Berlin

// Für Sportler

Der Drachenberg bietet ein perfektes Trainingsgebiet für Sportler. Egal, ob Läufer oder Fahrradfahrer – durch seine Steigung eignet sich das Areal hervorragend für Ausdauertraining. Bei Schnee im Winter ist hier auch Rodelspaß garantiert.

Müggelturm mit Restaurant-Terrasse im Vordergrund

4 Müggelturm

Im quirligen Treiben mitten in der Stadt ist es kaum vorstellbar: Berlin besteht zu 6,6 Prozent aus Wasserflächen. Eine herrliche Aussicht auf die gesamte Seenlandschaft im Berliner Südosten bietet der Müggelturm. Neu erbaut wurde der Aussichtsturm mit dem angegliederten Restaurant zu DDR-Zeiten, nachdem sein aus dem Jahr 1890 stammender Vorgänger Ende der 1950er komplett abgebrannt war. Inzwischen ist der Turm mit seinen Panoramafenstern saniert und wiedereröffnet.

Der Aufstieg über die 126 Stufen wird mit einer wunderbaren Fernsicht belohnt. Infotafeln weisen dabei auf die markantesten Punkte in der Umgebung hin. Zu entdecken gibt es den Museumspark Rüdersdorf, den neuen Flughafen Berlin-Brandenburg und sogar den Fernsehturm auf dem Alexanderplatz in Mitte. Lust auf eine Bootsfahrt machen die Seen in der näheren Umgebung – allen voran der Große Müggelsee. Die Aussicht auf den Langen See genießen Besucher sogar schon von der Terrasse des Restaurants am Müggelturm. *Müggelturm, Straße zum Müggelturm 1, 12559 Berlin, www.müggelturm.berlin*

// Unbedingt

Vor oder nach dem Aufstieg auf den Müggelturm lohnt sich ein Spaziergang um den Teufelssee. Der idyllische kleine See liegt mitten im Wald. Ein etwa drei Kilometer langer Naturlehrpfad führt einmal herum und informiert die Wanderer über Flora und Fauna vor Ort.

Gendarmenmarkt mit Deutschem Dom

#Urbaner Platz

16 Gendarmenmarkt

Für viele zählt der Gendarmenmarkt zu den schönsten Plätzen Europas. Tatsächlich bietet er mit dem Ensemble aus Deutschem Dom, Konzerthaus und Französischem Dom sowie dem Schiller-Denkmal einen beeindruckenden Anblick. Er ist Touristenattraktion, vor allem im Sommer aber auch ein guter Ort zum Entspannen, wenn Cafés und Restaurants ihre Außengastronomie aufbauen. Bis ins 17. Jahrhundert lässt sich die Geschichte des ehemaligen Marktplatzes zurückverfolgen. Sein jetziges Aussehen erhielt er unter Friedrich II. Nicht versäumen sollten Besucherinnen und Besucher die Besichtigung der beiden Dome, die heute Ausstellungsort und Museum sind. *Direkt erreichbar ist der Gendarmenmarkt mit der U2 über die Haltestellen Hausvogteiplatz oder Stadtmitte.*

// Sommers wie winters

Zwei Events bieten einen besonderen Genuss vor der wunderschönen Kulisse des Gendarmenmarkts. Im Juli kommen hier Musikfans beim alljährlichen Classic Open Air auf ihre Kosten. In der Adventszeit lädt der Weihnachtszauber zum entspannten Bummel ein.

Die Alternativen

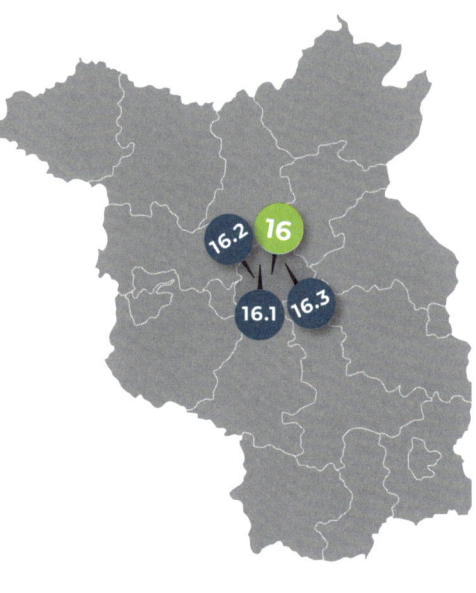

1 Savignyplatz

Wie eine kleine Oase liegt der Savignyplatz im gutbürgerlichen Charlottenburg inmitten der dichten Bebauung rechts und links der Kantstraße. Seit Mitte des 19. Jahrhunderts ist er nach dem Juristen Friedrich Carl von Savigny benannt, zu seiner heutigen Form wurde er 1926 umgestaltet. Inzwischen ist das Areal als Gartendenkmal geschützt. Auch ein kleiner Rundbau gehört untrennbar an diesem Standort dazu. Damals als Kiosk und heute als Currywurst-Imbiss betrieben, geht er zurück auf das Jahr 1908. Errichtet wurde der Bau von Alfred Grenander, der in Berlin für die Architektur vieler U-Bahnhöfe verantwortlich zeichnete.

Gut beobachten lässt sich das rege Treiben auf und um den Savignyplatz von einer der Bänke in den Sitzlauben. Dabei spendet ihr dichter Bewuchs vor allem im Sommer angenehmen Schatten. Auch die Bepflanzung des Platzes mit allerlei Stauden und Blumen bietet einen schönen Blickfang. Sehenswert sind ebenso die beiden im Abstand von zehn Metern auf einem Sockel aufgestellten Skulpturen »Knabe mit

Parkbank am Savignyplatz

Ziege« des Künstlers August Kraus, von denen eine original erhalten ist. Durch ihre symmetrische Anordnung sollen sie die entsprechende Aufteilung des Platzes widerspiegeln.

Zu erreichen ist der Savignyplatz direkt über den gleichnamigen S-Bahnhof.

// Ausgehen

Rund um den Savignyplatz ist die Dichte an Restaurants und Bars außergewöhnlich hoch. Für jeden Geschmack finden sich Lokalitäten – auch bis spät in die Nacht. Zu den bekanntesten zählen Zwiebelfisch, Schwarzes Café, Dieners Tattersall und Paris Bar.

Blick über den Savignyplatz

2 Rüdesheimer Platz

Der von Anwohnerinnen und Anwohnern liebevoll Rüdi genannte Rüdesheimer Platz ist Zentrum des Rheingauviertels im gediegenen Bezirk Wilmersdorf. Sogar in die »New York Times« hat es das Viertel wegen seines besonderen Flairs bereits geschafft. Um 1905 wurde die Anlage des Platzes geplant. Er fügt sich harmonisch in die Umgebung ein, die durch die Fassaden, Giebel und Vorgärten der im englischen Landhausstil erbauten Häuser geprägt ist. Alter Baumbestand und blühende Rabatten sorgen für das Wohlfühlgefühl in der gesamten Grünanlage.

Blickfang des Rüdesheimer Platzes ist der Siegfriedbrunnen. In der Mitte des Brunnens thront ein imposanter Siegfried mit seinem Ross, der seitlich von zwei weiteren Statuen flankiert wird. Die rechte davon stellt eine Weinkönigin dar und symbolisiert auch die Mosel.

Links hat sich Vater Rhein seinen Platz gesichert. Auf beiden Seiten des Brunnens führt eine Treppe auf den oberen, deutlich kleineren Teil des Platzes. Dort findet von Mitte Mai bis September der Rheingauer Weinbrunnen statt. Winzer aus der Region Rheingau-Taunus schenken dann an einem Weinprobierstand ihre guten Tropfen aus. Für das Essen sorgen die Gäste selbst. *Am besten erreichbar ist der Rüdesheimer Platz über die gleichnamige Station der U-Bahn-Linie U3.*

// Blick in den Untergrund

Auch ein Blick in die U-Bahn-Station Rüdesheimer Platz lohnt sich. Denn die Gestaltung des 1913 eröffneten Bahnhofs zeigt mit Mosaiken und Keramiken des Künstlers Martin Meyer-Pyritz Motive aus dem Weinbau.

Blick über den Rüdesheimer Platz

Bronzeplastik von Käthe Kollwitz am gleichnamigen Platz

3 Kollwitzplatz

Wie kaum ein anderer Platz in Berlin steht der Kollwitzplatz mit seinem Umfeld im Prenzlauer Berg für Historie und Klischee. Angelegt wurde er bei der Planung des Gebietes 1875 als Wörther Platz. 1947 benannte man ihn nach der Grafikerin und Bildhauerin Käthe Kollwitz, die zusammen mit ihrem Ehemann, dem Arzt Karl Kollwitz, in einem an den Platz angrenzenden Haus lebte und wirkte. Zum Gedenken an die Namensgeberin steht außerdem seit 1961 eine Bronzeplastik des Bildhauers Gustav Seitz auf dem Kollwitzplatz. Von den Kindern der heutigen Anwohner wird sie heute gerne zum Klettern genutzt.

Früher lebten am Kollwitzplatz vor allem Arbeiter. Noch zu Zeiten der DDR waren die unsanierten Wohnungen in den umliegenden Gründerzeithäusern mit Ofenheizung und Etagentoilette

vor allem bei Dissidenten und »Alternativen« beliebt. Längst hat sich dies drastisch gewandelt: Der Platz ist heutzutage Mittelpunkt eines Viertels mit äußerst zahlungskräftigem Publikum – viele Läden und Restaurants lohnen einen Besuch. Anwohner und Gäste haben dem Kollwitzplatz durch ihren Lebensstil ein Prosecco- und Latte-Macchiato-Image verpasst. Optisch präsentieren sich die Fassaden dabei als wahre Schmuckstücke. *Die nächstgelegene U-Bahn-Station zum Kollwitzplatz ist Senefelder Platz.*

// Lecker

Von Mitte Januar bis Anfang November findet sonntags von 12 bis 18 Uhr im entspannten Ambiente der nahen Kulturbrauerei der Streetfood-Markt statt. Anbieter aus der Region brutzeln in ihren Trucks allerlei köstliche Leckereien.

Karl-Marx-Allee

#Architektur-ikonen

17 Karl-Marx-Allee

Imposant sind die Wohnpaläste im Bauabschnitt 1 der früheren Stalinallee zwischen Frankfurter Tor und Straußberger Platz. Anders als beim späteren Plattenbau, sind die aufwendigen Fassaden im Stil des sowjetischen Klassizismus sehenswert. Im Erdgeschoss befinden sich Geschäfte und Restaurants. Darüber die Wohnungen – oft in mehreren Ebenen. Aufgelockert wird die Karl-Marx-Allee immer wieder durch Grünflächen. Zur Straße hin schirmen Bäume die Häuser ab. Bauabschnitt 2 zwischen Straußberger- und Alexanderplatz steht dagegen bereits für DDR-Baukultur in Plattenbauweise. Herausragend: das Kino International und das Café Moskau.

Die U-Bahn-Linie U5 fährt unter der Karl-Marx-Allee entlang. Perfekt für einen Bummel entlang der Straße sind die Haltestellen Straußberger Platz und Frankfurter Tor.

// Panorama-Abendvergnügen

Das PlaceOne im Haus Berlin am Straußberger Platz ist ideal, um bei einem Getränk den Abend ausklingen zu lassen. Von der Panorama Bar in der 13. Etage bietet sich ein herrlicher Ausblick auf die Stadt. Regelmäßig werden auch Tanzveranstaltungen angeboten.

Die Alternativen

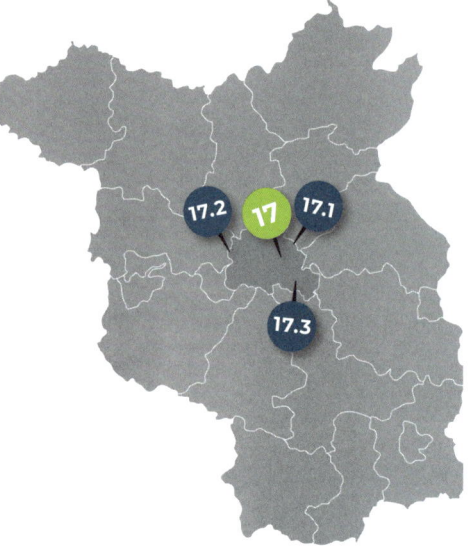

 1 Ahrensfelder Terrassen

Die preisgekrönten Ahrensfelder Terrassen im Norden Marzahns gelten heute vor allem als ein Projekt gelungenen Stadtumbaus. Entstanden 1987 im Rahmen des Plattenbaus in der Marzahner Siedlung, sind sie inzwischen zu einem Anschauungsobjekt für internationale Stadtplaner geworden. Kurz nach der Wende waren die noch recht neuen Bauten allerdings bereits marode. Zusammen mit dem massenhaften Wegzug der Bewohner aus der Siedlung erschien dies Grund genug zum Abriss, den massive Proteste jedoch verhinderten.

Seit 2005 glänzen die Ahrensfelder Terrassen nun schon in neuer Optik. Aus 16 der elfgeschossigen Gebäude wurden drei- bis sechsgeschossige. Dieser Höhenunterschied zwischen den Häusern führte in Verbindung mit den entstandenen Dachterrassen schließlich zum heutigen Namen des Ensembles. Zu der freundlichen, attraktiven Ausstrahlung der Gebäude tragen vor allem die mediterran anmutenden Fassadenanstriche bei. Kein Wunder, dass die Nachfrage nach den Wohnungen groß ist.

Die Ahrensfelder Terrassen sind über den Regional- und S-Bahnhof Ahrensfelde angebunden.

// Um die Ecke

An der Wuhle entlang ist Schloss Biesdorf mit dem Fahrrad gut erreichbar. Das hübsche rötlich schimmernde Gebäude ist Gartendenkmal, Ausstellungshaus und Café gleichermaßen. Im Park lassen sich sogar Fledermäuse und geschützte Singvögel blicken.

Wohnhäuser der Ahrensfelder Terrassen

2 Flachbausiedlung Staaken

Die Flachbausiedlung Staaken geht auf die beginnenden 1920er-Jahre zurück. Gebaut wurde sie damals für Angehörige der Fliegerakademie des örtlichen Luftschiffhafens, heute steht sie unter Denkmalschutz. Die Siedlung besteht aus 21 Doppelhäusern und einem frei stehenden Modellhaus. Charakteristisch sind die überwiegend eher klein gehaltenen Fenster der Räume. Lediglich zur Terrasse hin gibt es eine größere Fensterfront.

Was in der Flachbausiedlung besonders auffällt, ist die insgesamt geometrische Anordnung der Gebäude. Sämtliche Teile sind würfelförmig und fügen sich zu Haupt- und Nebengebäude zusammen. Außerdem wurden Materialien gemischt, die das besondere Erscheinungsbild ergänzen. So bestehen die Häuser im unteren Teil aus weißem Putz, während sie oben verklinkert wurden. Allerdings erwiesen diese Ziegel sich nicht als besonders haltbar. Schnell ersetzten

Häuser der Tuschkastensiedlung mit Infoschild

bereits die ersten Bewohner sie daher mit einer Schicht aus Putz. Vollkommen original erhalten ist daher keines der Gebäude.

Etwas entfernt von der Siedlung liegt der Bahnhof Staaken, in dem die Regionalbahn hält.

// In der Nähe

Gut lässt sich die Entdeckertour nach Staaken mit dem Besuch des Fort Hahneberg verbinden. Es ist eine der letzten Festungsbauten preußischer Art und im Rahmen einer Führung zu besichtigen. Naturliebhaber buchen die Natur- oder Fledermausführung.

Blaue Häuser in der Tuschkastensiedlung

3 Gartenstadt Falkenberg

Die Gartenstadt Falkenberg bei Altglienicke ist ein frühes Beispiel für sozialen Wohnungsbau. Sie gehört zum Weltkulturerbe der UNESCO, bekannt ist Falkenberg aber auch wegen der intensiven Fassadenfarben, was der Siedlung den Namen »Tuschkastensiedlung« verliehen hat. Durch die Gestaltung der Gartenanlagen um die Häuser herum wirkt das Ensemble wie ein gewachsenes Dorf.

Die Idee zur Gartenstadt Falkenberg geht auf die Anfang des 20. Jahrhunderts aus England kommende Gartenstadt-Bewegung zurück. Die Vorstellung lautete, die Vorzüge der Stadt mit denen des Landlebens zu verbinden, ohne auch die jeweiligen Nachteile in Kauf nehmen zu müssen. Anders als auf der Britischen Insel, war in Deutschland jedoch nicht geplant, die Gartenstadt als Selbstversorgerdorf aufzubauen. Nachdem die Anfänge in dieser Art zu bauen hierzulande gemacht waren, brachten wirtschaftliche Schwierigkeiten die Bewegung allerdings schnell an ihre Grenzen. Schon 1918 wurde die Bautätigkeit gestoppt.

Die Gartenstadt Falkenberg ist fußläufig von der S-Bahn Grünau erreichbar.

// Nicht verpassen

Von der Gartenstadt lohnt sich der Weg an die Dahme. Dort genießt man den Blick aufs Wasser. Auch die Regattastrecke ist einen Besuch wert. Regelmäßig finden dort Wettbewerbe und Veranstaltungen statt.

#Zeitzeugen

18 Kaiser-Wilhelm-Gedächtniskirche

An der wichtigsten Einkaufsmeile Berlins gelegen, vereint die Gedächtniskirche mit ihrer markanten Erscheinung viele Eigenschaften in sich. Sie ist Gotteshaus und gleichzeitig eine der meistbesuchten Sehenswürdigkeiten im westlichen Stadtzentrum. Vor allem aber ist sie Mahnmal gegen den Krieg und für den Frieden. In ihrer heutigen Form bildet sie eine Mischung aus Ruine und Neubau. Der im Krieg zerstörten Turmruine verdankt sie auch ihren Spitznamen »Hohler Zahn«.

Beeindruckend und sehr beruhigend wirkt die Atmosphäre im Innern der Kirche. Dafür sorgt das intensive Blau, in dem das Licht durch die Glasbausteine im Neubau schimmert. *Kaiser-Wilhelm-Gedächtniskirche, Breitscheidplatz, 10789 Berlin*

// Für Kunstinteressierte

Neben regulären Kirchenführungen finden in der Gedächtniskirche regelmäßig Führungen unter dem Titel »Geheimgang durchs blaue Licht« statt. Besucherinnen und Besucher erleben dabei die Geheimnisse der Glaskunst als Auslöser der intensiven Farbe.

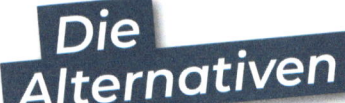

Die Alternativen

1 Zionskirche

Wie kaum eine andere Kirche ist die Zionskirche in Berlin-Mitte ein Ort des Widerstands. Schon zu Zeiten des Nationalsozialismus hatte dort mit Dietrich Bonhoeffer ein Widerstandskämpfer seine Wirkungsstätte. Ab 1931 predigte er in der Gemeinde, übernahm eine Konfirmandengruppe und richtete die Jugendstube für arbeitslose Jugendliche ein. 1945 wurde er im KZ Flossenbürg hingerichtet. Heute ehrt ihn eine Bronzetafel neben dem Eingang der Kirche. Sein Satz »Erinnerung wird zur Kraft der Gegenwart« prägt außerdem als Leitgedanke die in der Zionskirche eingerichtete Dauerausstellung.

Als Treffpunkt des oppositionellen Friedens- und Umweltkreises entwickelte sich die Kirche in der DDR erneut zu einem Ausgangspunkt des Widerstands. Ab Mitte der 1980er-Jahre richteten dessen Mitglieder im Keller die Umwelt-

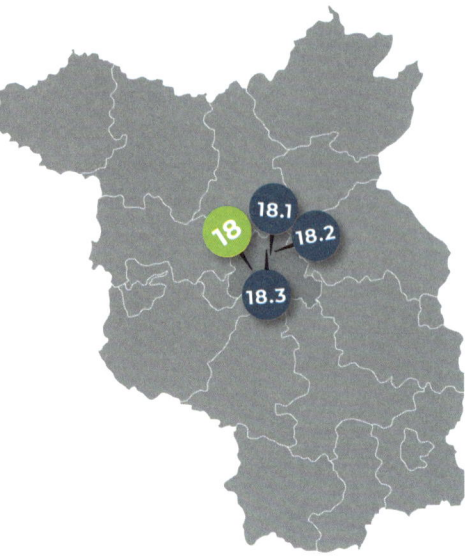

Zionskirche

Bibliothek mit verbotenen Büchern und Zeitschriften ein. Die Stasi reagierte darauf mit Verhaftungen, erreichte jedoch eher das Gegenteil des Erwünschten. Nach offenem Protest kamen die Verhafteten nicht nur schnell wieder frei, auch der Zulauf zu dieser Gruppe wuchs, sodass sie eine treibende Kraft der Bürgerbewegung wurde.

Heute ist die innen schlicht gehaltene Zionskirche auch ein Ort für Konzerte und Ausstellungen. Sonntags ist der Turmaufstieg möglich.
Zionskirchstraße 44, 10119 Berlin,
www.zionskirche-berlin.de

// Um die Ecke

Besonders zur Kirschblüte lohnt der kurze Fußweg in den nahe gelegenen Volkspark am Weinberg – auch Weinbergspark genannt. Zartrosa leuchtend, bilden die Blüten dann eine hübsche Fotokulisse vor dem kleinen Teich am Rand des Parks.

2 Gethsemanekirche

Wie die Zionskirche, steht die Gethsemanekirche in Prenzlauer Berg symbolisch für die Ereignisse der friedlichen Revolution in der DDR im Herbst 1989. Besonders in Erinnerung bleiben die Unmengen brennender Kerzen, die auf dem Vorplatz der Kirche als Zeichen gewaltfreien Protests aufgestellt wurden. Ab Anfang Oktober 1989 war das Gotteshaus zudem 24 Stunden täglich geöffnet. Unterstützung erhielten oppositionelle Gruppen allerdings bereits zuvor. Dazu gehörte seit Anfang 1989 auch die Information und Vernetzung über ein Kontakttelefon.

Schutz fanden viele Menschen in der Gethsemanekirche am späten Abend des 7. Oktober 1989, als Volkspolizei und Stasi mit Gewalt gegen Demonstranten auf der Schönhauser Allee vorgingen. In der Folgezeit sammelten die Betreiber des Kontakttelefons Protokolle von Zeugen. Bis heute lädt die Kirchengemeinde täglich um 18 Uhr zu einem Fürbittgebet unter dem Leitgedanken »Wachet und betet« ein.

Im Garten der Kirche ist das Relief »Widerstand« des Berliner Künstlers Karl Biedermann

Gethsemanekirche

zu sehen. Beauftragt war es ursprünglich als »Kunstwerk zu Ehren der Kämpfer gegen die Hitlerbarbarei« und sollte seinen Standort an der Brücke der Schönhauser Allee erhalten. Im Kirchengebäude selbst sind außerdem regelmäßig Leihgaben verschiedener Künstler zu besichtigen. *Gethsemanekirche, Stargarderstraße 77, 10437 Berlin, ekpn.de/vier-kirchen/gethsemane/*

// In der Nähe

Fast neben der Kirche befindet sich die Boutique der kultigen Eispatisserie Hokey Pokey. Es lohnt sich, das Sortiment an verführerischen Eissorten wie Blaubeer Baiser, Sizilianische Pistazie, Haselnuss Schokochip und vielem mehr zu kosten.

Kreuz der Versöhnungskirche

3 Kapelle der Versöhnung

Ungewöhnlich in jeder Hinsicht sind Geschichte und Aussehen der Kapelle der Versöhnung. Dass sich hinter den zahlreichen Holzstreben in Ellipsenform eine Kirche verbirgt, lässt sich von Weitem kaum erahnen. Nur von vorne weist ein in dunkler Farbe integriertes Kreuz darauf hin. Anders sah dies jedoch bis 1985 aus. Bis zu ihrer Sprengung stand am gleichen Standort die erheblich größere Versöhnungskirche mitten im Todesstreifen. Schon seit 1961 war sie daher für ihre in West-Berlin gelegene Gemeinde nicht mehr zugänglich gewesen. Ihre Umrisse sind bis heute auf dem Boden markiert.

Einen besonderen Ort der Erinnerung bildet nun seit dem 9. November 2000 die auf einem Teil des Kirchenfundaments errichtete Kapelle der Versöhnung. Hier sollen Licht und Schatten im Wandelgang zwischen den Holzstreben verdeutlichen, dass nach Finsternis wieder Helligkeit kommt. Der Innenraum der Kapelle wurde aus Lehm errichtet, dem Ziegelgranulat aus dem Vorgängerbau beigefügt wurde. Erhalten blieben auch die Glocken der gesprengten Versöhnungskirche. Sie sind in einem eigens errichteten Holzgestell auf dem Gelände zu sehen.

Kapelle der Versöhnung, Bernauer Straße 4, 10115 Berlin, www.gemeinde-versoehnung.de

Für Geschichtsinteressierte

In der Zwischenebene des nahen Nordbahnhofs befindet sich die Ausstellung »Grenz- und Geisterbahnhöfe im geteilten Berlin«. Fotos und Informationen erinnern an die Zeit, in der zwei U- und eine S-Bahn-Linie den Ostteil der Stadt ohne Halt durchquerten.

Geschäfte am Ku'damm

#Shopping

19 Kurfürstendamm

Oft besungen und weltbekannt ist der Kurfürstendamm in Charlottenburg, in der Berliner City West. Angelegt wurde der als »Ku'damm« bekannte Boulevard bereits Mitte des 16. Jahrhunderts als Verbindung zwischen dem Berliner Stadtschloss und dem Jagdschloss Grunewald. Vor allem in den 1920er-Jahren erlebte er dann seine erste Hochzeit als exklusive Einkaufsmeile, mit Beginn des Wirtschaftswunders setzte sich das fort. Wer elegant und teuer shoppen will, ist hier auch heute an der richtigen Adresse. Doch auch ein Bummel mit Blick auf Schaufenster und Vitrinen lohnt sich, um das Flair dieser besonderen Straße zu genießen.

Verschiedene Buslinien fahren den Kurfürstendamm entlang. Fußläufig erreichbar ist er auch vom Bahnhof Zoo.

// Seitenblicke

Bei einem Gang über den Ku'damm sollte auch ein Blick in die Nebenstraßen nicht fehlen. Auch hier haben sich viele interessante kleine Läden angesiedelt. Das Preisgefüge liegt dabei oft ein wenig niedriger als auf der teuren Einkaufsmeile.

Die Alternativen

1 Bölschestraße

Nicht unbedingt zur Begeisterung der Friedrichshagener wird die Bölschestraße auch Boulevard oder gar Ku'damm des Ostens genannt. Zu Recht sehen sie ihre Einkaufsmeile als einzigartig an. Schließlich hebt sie sich schon baulich deutlich vom berühmten Vergleichsobjekt ab. Immerhin stehen an der ehemaligen Dorfstraße mehr als 100 Gebäude unter Denkmalschutz. Ein paar davon sind sogar noch in der Grundform erhalten, in der sie einst als Kolonistenhäuser erbaut wurden. Andere wurden später nach Art des Jugendstils aus- und aufgebaut.

In ihrem historisch anmutenden Ambiente lädt die Bölschestraße zu einem Einkaufsbummel in ihre zahlreichen kleinen Läden ein. Von Bekleidungsgeschäften bis zu Fleischerei und Bäckerei ist dort alles vertreten. Gegen den Hunger zwischendurch hilft die Einkehr in eines der Restaurants und Cafés. Im Mauna Kea sorgt ein ausgedehntes Frühstück bis in den Nachmittag für die nötige Stärkung beim Shopping.

Die Bölschestraße beginnt am S-Bahnhof Friedrichshagen.

// Leckeres auf der Bölschestraße

Die ideale Stärkung bietet das Mauna Kea mit seiner großen Auswahl an köstlichen Frühstücksvariationen. Serviert werde diese bis 15 Uhr. Ebenfalls eine Empfehlung für Brot und Kuchen: die Dresdner Feinbäckerei.

Straßenszenerie auf der Bölschestraße

Laden in der Kastanienallee

2 Kastanienallee

Ihren Namen verdankt die Kastanienallee den Rosskastanien, die dort zu ihrer Bauzeit Anfang des 19. Jahrhunderts in Zweierreihen angepflanzt wurden. Vor der Wende verfielen viele der Altbauten in der Straße und dem umliegenden Viertel. Angezogen von diesem leicht maroden Charme fühlten sich damals vor allem »Alternative« und Künstler. Inzwischen hat sich dies jedoch längst gewandelt, und ein gemischtes Publikum ist hier unterwegs.

Geprägt wird die Kastanienallee von kleinen Läden und Gastronomie. Neben aktueller Mode sind Designläden oder Secondhandshops vertreten. Immer wieder kommen zeitlich befristet neue Concept Stores hinzu. Gerne folgen diese dem Ruf nach Nachhaltigkeit bei Kleidung.

Auch kulinarisch kann sich das Angebot entlang der Straße sehen lassen. Ob asiatisch, mediterran oder südamerikanisch – die Restaurants bedienen den Geschmack der unterschiedlichsten Richtungen. Und im Sommer wartet der Prater Biergarten mit der passenden Erfrischung nach dem Shoppen. *Nächst gelegene U-Bahn-Haltestellen für einen Shoppingtrip auf der Kastanienallee sind Rosenthaler Platz und Eberswalder Straße.*

// Süß

In der Lottumstraße 15 befindet sich die Manufaktur Belyzium 31 Grad. Dort finden Fans dunkler Schokolade alles, was das Herz begehrt. Die Produkte sind bio-zertifiziert, die Rohstoffe fair gehandelt. Wer mag, gestaltet im Workshop die eigene Schokolade.

③ Rosenthaler Straße

Vom Hackeschen Markt verläuft die Rosenthaler Straße bis zur Torstraße. Dabei geht sie auf einen Verbindungsweg zurück, der bereits im Mittelalter zum damaligen Dorf Rosenthal führte. Ihren Aufschwung erlebte sie im 19. Jahrhundert, als zunehmend Wohnhäuser gebaut wurden und kleine Händler hier Läden eröffneten. Auch das Kaufhaus Wertheim hat hier seinen Ursprung. Einige denkmalgeschützte Häuser sind bis heute erhalten. Besonders sehenswert ist die Einrichtung der Apotheke an der Ecke zur Neuen Schönhauser Straße. Wandvertäfelungen, Deckengemälde und Original-Offizin-Einrichtungen stammen noch aus der dort 1758 errichteten Apotheke.

Wer gerne in kleinen, besonderen Läden stöbert, ist in der Rosenthaler Straße und ihren Seitenstraßen richtig. Neben Vintage-Läden finden sich hier schöne Geschäfte mit Wohnaccessoires und Papeterie. Auch Spezialgeschäfte für besondere alkoholische Genüsse sind vorhanden und überzeugen mit guter Beratung nicht nur zu Absinth und Whiskey.

Vom S-Bahnhof Hackescher Markt ist die Rosenthaler Straße genauso fußläufig zu erreichen wie von den U-Bahn-Stationen Rosenthaler Platz und Weinmeisterstraße.

// Beschwingt

Legendär ist Clärchens Ballhaus in der Auguststraße. Auch heute können Tänzerinnen und Tänzer dort wieder übers Parkett schweben. Bei Tanzkurs, Schwoof oder Führung mehr über das Haus erfahren – Clärchens Ballhaus hat ein vielfältiges Programm.

Straßenszenerie in der Rosenthaler Straße

Carl-Schurz-Straße mit Statue von Kurfürst Joachim II.

4 Carl-Schurz-Straße

Ideal zum Flanieren ist die Carl-Schurz-Straße in der Altstadt von Spandau. Als Fußgängerzone sorgt sie für ein entspanntes Shoppingerlebnis. Benannt ist die Straße nach einem deutschen Revolutionär, der in die Vereinigten Staaten auswanderte und dort als erster Deutscher Mitglied des Senats und sogar Innenminister wurde. In Spandau hatte er vor seiner Auswanderung seinen ehemaligen Professor aus dem dortigen Gefängnis befreit.

Zentrum der Einkaufsstraße zwischen Altstädter Ring und Juliusturm ist der Reformationsplatz mit der ältesten Parkanlage des Bezirks. In der Adventszeit lockt hier einer der größten Weihnachtsmärkte Berlins zu einem stimmungsvollen Bummel. In den übrigen Monaten entfalten die zahlreichen Geschäfte in der Carl-Schurz-Straße und den umliegenden Straßen ihre Anziehungskraft. Viele kleine Läden bedienen den Bedarf an Mode, Schmuck, Technik und Lebensmitteln. Hinzugekommen sind inzwischen allerdings auch ein paar der großen Filialisten.

Gut erreichbar ist die Carl-Schurz-Straße über den Bahnhof Spandau.

// Historisch

Beim Gang durch die Spandauer Altstadt darf ein Besuch in der Zitadelle nicht fehlen. Neben dem ältesten Gebäude Berlins hat die Festung interessante Ausstellungen zu bieten. Ein Erlebnis sind Events wie das Gauklerfest dort.

20 East-Side-Gallery

1316 Meter misst das längste zusammenhängende
Stück Berliner Mauer, das heute noch steht. Was Menschen trennte, ist längst zu einem Kunstwerk geworden.
118 Künstler aus 21 Ländern haben hier gleich nach
dem Fall der Mauer begonnen, sich auf der Ostseite zu
verewigen – auf der Seite, auf der vorher – anders als im
Westen – kein Pinselstrich zu sehen war. In den Kunst-
werken verarbeiteten sie die politischen Veränderungen
der damaligen Zeit. Besonders bekannt wurden »Der
Bruderkuss« von Dimitrji Vrubel und ein durch die
Mauer brechender Trabant von Birgit Kinders. Längst
steht die Open-Air-Galerie am Spreeufer in Friedrichshain unter Denkmalschutz. *East-Side-Gallery, Mühlenstraße 47–80, 10243 Berlin, www.stiftung-berliner-mauer.de,
auch Führungen werden angeboten.*

// Von hüben nach drüben

*Vom Spreeufer lohnt sich ein Blick auf eine der schönsten
Brücken Berlins. 1724 wurde die Oberbaumbrücke als
Holzkonstruktion errichtet. Heute verbindet ein markanter
Steinbau Friedrichshain und Kreuzberg. Besonders schön
wirkt die Brücke im Sonnenuntergang.*

Die Alternativen

1 Gedenkstätte Hohenschönhausen

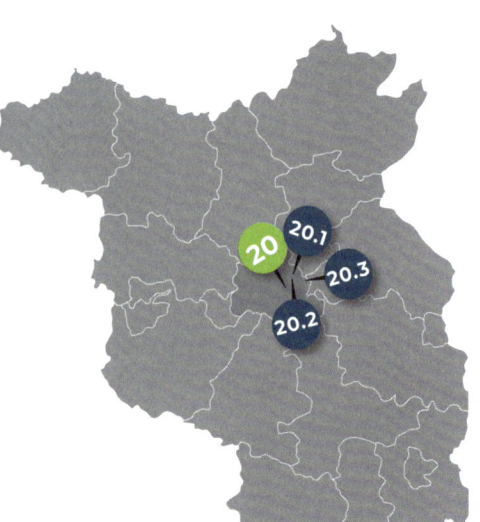

Dicke graue Mauern und ein Wachturm an jeder Ecke – das ist das Erste, was vom Stasi-gefängnis Hohenschönhausen ins Auge fällt. Dort, wo zu DDR-Zeiten ein weißer Fleck auf der Landkarte war, ist ein Symbol des früheren Unrechtsstaats heute zugänglich. Bereits beim Durchqueren des mächtigen Eisentores stellt sich ein beklemmendes Gefühl ein. Deutlich ver-stärkt sich dies noch mit jedem in den Gebäu-den zurückgelegten Meter – ob im sogenann-ten U-Boot, im Zellentrakt oder in den Vernehmungszimmern.

Begonnen hat die unrühmliche Geschichte des Geländes im Mai 1945, als die sowjetische Be-satzungsmacht dort ein Speziallager errichtete. Ab Ende 1946 entstand daraus das zentrale Untersuchungsgefängnis. Die Zellen befanden sich damals im Kellertrakt und die Zustände waren für die Häftlinge qualvoll. Ab 1951 über-nahm schließlich das inzwischen gegründete Ministerium für Staatssicherheit die Haftanstalt und baute sie weiter aus. Auch ein Haftkran-kenhaus befand sich auf dem Areal, in dem er-krankte Inhaftierte oder angeschossene Flücht-linge behandelt wurden.

Mehr als 11 000 Menschen erlebten in den Ge-bäuden bis zu deren Aufgabe mit der Wende psychische Gewalt. Besonders eindrücklich be-richten Zeitzeugen in ihren Führungen davon.
Gedenkstätte Hohenschönhausen, Genslerstraße 66, 13055 Berlin, www.stiftung-hh.de

Wachturm des ehemaligen Stasi-Untersuchungsgefängnisses

Wer nach der Besichtigung der Gedenkstätte erst mal in der Natur durchschnaufen will, kann dies am Obersee oder am Orankesee tun. Beide Seen liegen etwa 1,5 Kilometer entfernt und sind zu Fuß gut erreichbar. Gute Einkehrmöglichkeiten gibt es auch.

2 Stasimuseum

Ein weitläufiger Innenhof umrahmt von Plattenbauten – so harmlos präsentiert sich das Gelände der ehemaligen Zentrale des Ministeriums der Staatssicherheit der DDR, kurz »Stasi« genannt. Geradewegs führt der Weg durch die Einfahrt auf ein Gebäude mit Vorbau im Eingangsbereich zu. In diesem Haus 1 hatte Minister Erich Mielke ab Anfang der 1960er-Jahre seinen Dienstsitz und steuerte den Zugriff des Staates auf das Leben der Bürgerinnen und Bürger. Heute befindet sich im Haus 1 das Stasimuseum.

Neben der Dauerausstellung über Aufbau, Entwicklung und Arbeitsweise der Staatssicherheit sind im Museum die Diensträume des Ministers bis heute unverändert erhalten. Wer jedoch besonderen Luxus in diesem Bereich erwartet hatte, wird enttäuscht. Stattdessen erscheint der Geschmack der Leitungsebene eher bieder. Umso spannender sind dagegen die Einblicke in das Wirken der Stasi. Anschaulich demonstrieren zahlreiche Anschauungsobjekte das Vorgehen. Dazu zählen versteckte Kameraobjektive genauso wie ein Gefangenentransporter oder Einweckgläser mit Stofftüchern zur Duftkonservierung Verdächtiger. Besonders informativ wird

der Besuch des Museums bei einer Führung durch Zeitzeugen.

Stasimuseum, Normannenstraße 20/Haus 1, 10365 Berlin, www.stasimuseum.de

// Gleich nebenan

Weiter eintauchen in das DDR-Bespitzelungssystem lässt sich auf dem Gelände in Haus 7. Die Dauerausstellung »Einblick ins Geheime« informiert in Führungen über den damaligen Arbeitsalltag der Stasi und die Arbeit der Stasi-Unterlagenbehörde.

Zufahrt auf das Gelände des ehemaligen Sitzes der Staatssicherheit

3 Museumswohnung WBS70

Der Plattenbau ist fast schon zum Synonym für Bauen in der DDR geworden. Obwohl die Geschichte dieser Bauweise deutlich weiter zurückreicht, wurde sie zu DDR-Zeiten vor allem im Osten Deutschlands großflächig genutzt. So war es auch in Hellersdorf, wo in den 1980er-Jahren große Wohnsiedlungen entstanden. Die Plattenbautypen erhielten Seriennummern, waren weitgehend standardisiert und dadurch schnell zu bauen. Zum besonderen Erfolgsmodell entwickelte sich dabei die Wohnungsbauserie 70. Eine Wohnung dieses Typs hat die Wohnungsbaugesellschaft Stadt und Land originalgetreu erhalten.

Museumswohnung WBS 70

Hier in der Hellersdorfer Straße 179 hat die STADT UND LAND/WoGeHe Wohnungsbaugesellschaft Hellersdorf eine Wohnung der Wohnungsbauserie 70, erbaut 1986, im Stile jener Zeit eingerichtet. Standard, Ausstattung und Mobiliar sind in originalgetreuem Zustand. Am 16. Februar 2004 war das Museum vom Regierenden Bürgermeister von Berlin, Klaus Wowereit, eröffnet worden. Er gab damit zugleich das symbolische Startzeichen für die Komplettsanierung des Hellersdorfer Quartiers "Grabenviertel".

Besichtigung

So   14.00 - 16.00 Uhr
oder nach Absprache unter Tel. 0131/16 11 44 40

Garderobe im Flur mit FDJ-Hemd

In drei Zimmern auf 61 Quadratmetern wird in der Museumswohnung WBS70 die DDR wieder lebendig. Für authentisches Flair sorgen Möbel, Einrichtungsgegenstände und Produkte aus der damaligen Zeit. Mit viel Liebe zum Detail wurden die Räume eingerichtet. Neben dem Colormat-Fernseher gehören dazu der Foron-Elektroherd und ein Teppich aus der Mongolei. Auch Geschirr, Bücher, Schallplatten oder der meistverkaufte DDR-Kunstdruck »Junges Paar am Strand« dürfen nicht fehlen. Die Führung durch die Museumswohnung übernimmt ein Hellersdorfer Urgestein. Engagiert und mit vielen Anekdoten begleitet der ehemalige Hausmeister auf die Zeitreise durch die Plattenbau-Wohnkultur.

Stadt und Land Museumswohnung WBS70, Hellersdorfer Str. 179, 12627 Berlin, www.stadtundland.de/ Unternehmen/Museumswohnung.php

// In die Natur

Nicht weit entfernt von der Museumswohnung fließt die Wuhle. Zu einer ausgedehnten Wanderung lädt dort der Wuhletal-Wanderweg ein. Auf etwa 20 Kilometern führt er durch Wiesen- und Flussauenlandschaften mit großem Reichtum an Tier- und Pflanzenarten.

Neubau des Jüdischen Museums von Daniel Libeskind

#Jüdisches Leben

21 Jüdisches Museum

Bereits der erste Eindruck des Jüdischen Museums Berlin ist spektakulär. Dafür sorgt vor allem der architektonisch außergewöhnliche Neubau mit seinen drei Achsen: Achse der Kontinuität, Achse des Exils und Achse des Holocaust. Das Museum nutzt auch das barocke Kollegienhaus von 1735, in dem der Eingang und ein Teil der Ausstellung untergebracht sind – zwei Gebäude, wie sie unterschiedlicher nicht sein könnten. Passgenau abgestimmt auf die Architektur sind die Ausstellungsinhalte zur jüdischen Kultur. Interessant aufbereitet informiert dabei die Dauerausstellung zur jüdischen Geschichte und Gegenwart in Deutschland.

Jüdisches Museum Berlin, Lindenstraße 9–14, 10969 Berlin, www.jmberlin.de

// Für Familien

In der ehemaligen Blumengroßmarkthalle können Kinder von drei bis zehn Jahren auf der Arche Noah auf Entdeckungstour gehen. ANOHA – die Kinderwelt des Jüdischen Museums gibt im Rahmen von Führungen kindgerechten Einblick in die Geschichte.

Die Alternativen

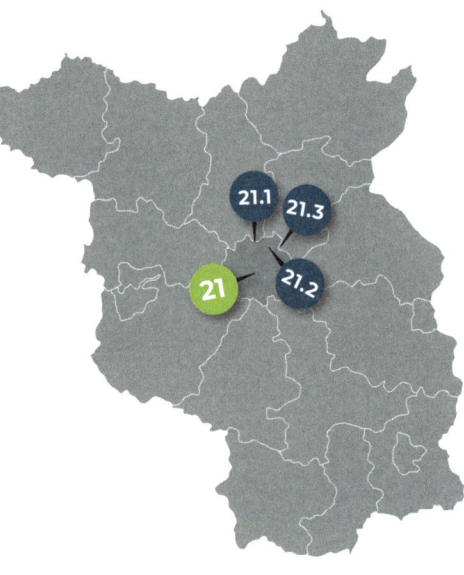

Im Mittelpunkt der Dauerausstellung stehen die Geschichte des Gebäudes und das Leben der Juden in Berlin. Persönliche Berichte jüdischer Familien lassen teilhaben an deren ganz besonderer Lebenserfahrung. Sehenswert sind außerdem einige wertvolle Exponate der früheren Gemeinde. Auch ein Modell der Neuen Synagoge vor ihrer Zerstörung vermittelt einen Eindruck über deren Aufbau. Sonderausstellungen widmen sich regelmäßig speziellen Themen. »Heiraten im jüdischen Berlin« war eines davon.

Neue Synagoge Berlin – Centrum Judaicum,
Oranienburger Straße 28–30, 10117 Berlin,
www.centrumjudaicum.de

// Um die Ecke

In direkter Nachbarschaft der Neuen Synagoge befinden sich die Heckmann-Höfe, deren Geschichte bis ins 18. Jahrhundert zurückgeht. Neben einem begrünten Innenhof warten dort Ateliers, kleine Geschäfte und Gastronomie auf Besucherinnen und Besucher.

1 Neue Synagoge

Auffällig schon von Weitem ist die goldleuchtende Kuppel der Neuen Synagoge in der Oranienburger Straße. 1866 wurde sie eingeweiht. Heute steht allerdings nur noch der vordere Teil des ehemaligen Gotteshauses, dessen Kriegsschäden bis 1993 beseitigt wurden. Ein vollständiger Wiederaufbau wurde nach intensiver Diskussion abgelehnt. Die frühere wahre Größe der Neuen Synagoge wird daher nur noch durch Markierungen auf dem Grundstück sichtbar. Geweiht wurde sie nach ihrer Wiedereröffnung ebenfalls nicht mehr. Nur ein kleiner Andachtsraum existiert noch.

Seitlicher Blick auf die Kuppel der Neuen Synagoge

Frontansicht der Neuen Synagoge

2 Anne-Frank-Zentrum

Graffiti und Plakate an den Wänden und unsaniert wirkende Häuser – morbider Charme eines Berliner Hinterhauses begleitet Besucherinnen und Besucher auf ihrem Weg in das Anne-Frank-Zentrum. Mit seiner Nähe zum Hackeschen Markt hat es seinen Standort heute dort, wo sich bis zu den Zeiten des Nationalsozialismus das Zentrum jüdischen Lebens in der Stadt befand. Auch sein Dasein im Hinterhof scheint beinahe schon auf das Leben der Familie Frank in ihrem Versteck hinzuweisen. In Amsterdam lebte die Familie auch in einem Hinterhaus.

Anschaulich und detailliert informiert die Ausstellung über das Leben Anne Franks und ihrer Familie. Dabei bleibt das Anne-Frank-Zentrum kein reines Museum. Es ist interaktiv angelegt und lädt dazu ein, sich einzubringen und die

Ausstellung damit sogar zu verändern. Gerade in dem Teil, der sich der Verbindung aus Vergangenheit und Gegenwart widmet, bieten sich vielfältige Möglichkeiten. Dabei stellt sich die Frage, warum Tagebücher wichtig sind genauso wie die, wie Gedenken aussehen kann. Jeder ist eingeladen, eigene Antworten darauf zu finden.

Anne-Frank-Zentrum, Rosenthaler Straße 39,
10178 Berlin, www.annefrank.de

// Gleich nebenan

Wer nach dem Besuch des Anne-Frank-Zentrums
etwas Süßes zur Ablenkung braucht, der findet
bei Sawade in den Hackeschen Höfen das pas-
sende Angebot. Der manufaktureigene Shop
bietet eine große Auswahl an feinen Pralinen
an.

Infotafel zum Anne-Frank-Zentrum

3 Jüdischer Friedhof Weißensee

Friedhöfe sind Ort der Besinnung und Geschichte gleichermaßen. Ein ganz besonderes Zeugnis deutscher Kulturgeschichte ist der Jüdische Friedhof Weißensee. Er ist der größte noch erhaltene jüdische Friedhof in Europa und steht unter Denkmalschutz. Mehr als 115 000 Menschen fanden dort ihre letzte Ruhe. Neben vielen Unbekannten wurden hier auch bedeutende Persönlichkeiten bestattet. Dazu zählen Kaufhausgründer Hermann Tietz, Verleger Samuel Fischer, Unternehmer Benno Orenstein und Schriftsteller Stefan Heym.

Ein Rundgang über den Jüdischen Friedhof ist zugleich ein Waldspaziergang. Alte, Schatten spendende Bäumern breiten sich auf dem Gelände immer weiter aus. Sträucher überwuchern Wege und Grabstellen. Das Grün schafft sich Raum, da jüdische Grabstellen bis in die Ewigkeit bestehen bleiben und keinen Blumen- oder anderen Grabschmuck kennen. Faszinierend sind viele Gräber aufgrund ihrer Gestaltung. Diese reicht vom einfachen Grabstein bis zu monumentalen Grabbauten mit Säulen und Portiken. Zu sehen sind neben solchen mit einfachem Grabstein auch viele mit besonderen Säulen oder sogar monumentalen Mausoleen.

Auch an die Opfer des Holocaust wird in Weißensee erinnert. Gleich hinter dem Haupteingang steht ein Mahnmal mit Gedenkstein. Außerdem befindet sich auf dem Gelände ein Urnenfeld mit Asche der in Konzentrationslagern Verstorbenen.

Jüdischer Friedhof Weißensee, Herbert-Baum-Str. 45, 13088 Berlin| www.jewish-cemetery-weissensee.org

// Hinweis

Beim Besuch des Jüdischen Friedhofs Weißensee müssen Männer eine Kippa tragen. Diese werden am Eingang auch leihweise bereitgestellt.

Bauernhaus in Rixdorf

#Dorfidylle

22 Rixdorf

Mitten im Trubel von Berlin-Neukölln hat das idyllische Rixdorf bis heute sein ländliches Flair behalten. Gegründet wurde es bereits 1360. Im Jahr 1737 fanden im Bereich der Richardstraße und der Kirchgasse böhmische Glaubensflüchtlinge Zuflucht. Ein Spaziergang über Kopfsteinpflaster führt an historischen Bauernhäusern, Scheunen und der Bethlehemskirche aus dem 15. Jahrhundert vorbei. Gut erhalten und noch immer in Betrieb ist die beinahe 400 Jahre alte Schmiede des Ortes. An ihrem Standort am Richardplatz können Besucherinnen und Besucher dem Schmied über die Schulter schauen – oder bei einem Schmiedekurs selbst zum Werkzeug greifen. *Die Anfahrt nach Rixdorf erfordert immer auch einen Fußmarsch von etwa zehn Minuten. Die nächstgelegenen Haltestellen sind S- und U-Bahnhof Neukölln, Sonnenallee oder Karl-Marx-Straße.*

// Nicht verpassen

Empfehlenswert ist ein Gang durch den Comenius-Garten. Den Namen hat die Anlage vom letzten Gelehrten der Böhmischen Brüdergemeinde. Zu sehen sind Skulpturen, Beete, Wiesen und ein Bach, die für die verschiedenen Lebensstationen eines Menschen stehen.

Die Alternativen

Wie aus einer anderen Zeit fühlt sich ein Spaziergang über das Rosenthaler Kopfsteinpflaster an. Dabei wurde das Dorf bereits 1920 nach Berlin eingemeindet und gehört heute zum Bezirk Pankow. Doch die Spuren der Großstadt zeigen sich nur am Rande – dort, wo die ersten Ausläufer des westlich gelegenen Märkischen Viertels zu sehen sind. Geprägt ist der Ort stattdessen vor allem von üppiger Natur. Bäume und Büsche wachsen hier inzwischen entlang des ehemaligen Todesstreifens. Auch zahlreiche Kleingartenanlagen haben sich in Rosenthal angesiedelt. *Mit der M1 geht es direkt aus Berlins Mitte nach Rosenthal. Am besten an der Friedrich-Engels-Straße aussteigen.*

// Sonntagskaffee

Für Kuchenliebhaber ist der Besuch des Cafés Zur alten Backstube sonntagnachmittags ein Muss. In uriger Atmosphäre erwartet sie dort nicht nur ein guter Kaffee oder Tee, sondern vor allem köstlicher hausgemachter Kuchen bei charmantem Service.

1 Rosenthal

Bis heute hat sich das beschauliche Rosenthal im Norden Berlins seinen Charakter als Angerdorf bewahrt. Immer noch stehen am Dorfanger das Gemeindehaus, das Amtshaus und ein Gutshaus, in dessen restauriertem Stallgebäude sich Handwerker und Künstler niedergelassen haben. Auch alte Bauernhäuser und eine Schmiede sind im erstmals in der Mitte des 14. Jahrhunderts erwähnten Rosenthal zu finden. Ältestes Gebäude im Dorfkern ist die denkmalgeschützte Kirche, die um 1230 entstand.

Haus im Dorfkern von Rosenthal

Kirche von Rosenthal

2 Schmargendorf

Nicht weit entfernt vom Grunewald befindet sich das gutbürgerliche Schmargendorf, das sich bis heute den Charme einer Kleinstadt bewahrt hat. Bereits 1354 wurde der Wilmersdorfer Ortsteil urkundlich erwähnt. Noch älter ist die Dorfkirche, die um 1280 erbaut wurde. Errichtet wurde der kleine frühgotische Bau aus Feldsteinen. In seiner Gruft wurden Mitte der 1930er-Jahre die Gebeine von Hans von Wilmersdorf gefunden, der im frühen 17. Jahrhundert Gesandter des damaligen Kurfürsten war.

Nicht fehlen darf bei einem Rundgang durch Schmargendorf ein Bummel über die Breitestraße und die Berkaer Straße, wo kleine Läden und schöne Cafés zu entdecken sind. Am Berkaer Platz wartet schließlich mit dem Schmargendorfer Rathaus ein weiteres Highlight des Ortes.

Der mächtige neugotische Bau geht zurück auf das Jahr 1902. Seine Fassade zieren Mosaike aus Glas, auf denen das märkische Wappen abgebildet ist. In beeindruckendem Ambiente finden dort seit 1920 Trauungen statt. Zu den berühmten Persönlichkeiten, die in den Gewölben des Ratsaals geheiratet haben, zählen Albert Einstein und Curd Jürgens.

Gut erreichbar ist Schmargendorf über die S- und U-Bahn-Station Heidelberger Platz und die S-Bahn am Hohenzollerndamm.

// Stilvoll Kaffee trinken

Eine feine Adresse namens Wiener Conditorei Caffeehaus Am Roseneck ist perfekt für die Kaffeepause. In fußläufiger Entfernung vom Rathaus Schmargendorf haben Tortenfans die Qual der Wahl. Dazu gibt es natürlich klassische Kaffeespezialitäten im Angebot.

Rathaus Schmargendorf

③ Alt-Stralau

Zunächst gab es nur ein Fischerdorf auf der zwischen Spree und Rummelsburger See gelegenen Halbinsel Alt-Stralau. Später mauserte sie sich zur Wiege des deutschen Segelsports, bevor auch einige Industrieanlagen hier ihren Standort fanden. Spuren davon sind bis heute auf einem Rundweg zu sehen, der etwa drei Kilometer am Ufer entlangführt. Vorbei geht es dabei an der Dorfkirche von 1464, an einer Erinnerungsstätte für Karl Marx, am alten Palmkernölspeicher und an einer ehemaligen Teppichfabrik. Letztere wurde 1865 erbaut und hatte wesentlichen Anteil an der Entwicklung der Halbinsel zu einem Industriestandort. Geschichtstafeln informieren unterwegs über die Sehenswürdigkeiten am Wegesrand. Ein paar Bänke laden dazu ein, das Treiben am und auf dem Wasser zu beobachten. Vor allem Wasservögel und Möwen tummeln sich hier und lassen sich von Zuschauern kaum beirren. Außerdem nutzen Wassersportler das Revier für ihr Vergnügen. Einige schicke Boote sind auch am Yachthafen Stralau und gleich nebenan bei der Hansa-Werft zu bestaunen, die ebenfalls auf eine lange Geschichte zurückblickt. Denn bereits seit mehr als 110 Jahren werden dort, am Rummelsburger See, Boote gebaut. *Vom Regional- und S-Bahnhof Ostkreuz geht es fußläufig auf die Halbinsel Stralau.*

// Am Abend

Es lohnt sich, den Spaziergang entlang der Rummelsburger Bucht fortzusetzen. Ein absolutes Highlight sind die traumhaften Sonnenuntergänge dort. Eine gute Einkehrmöglichkeit bietet das Restaurant Hafenküche mit Blick auf das Wasser.

23 Bergmannkiez

Gepflegt ist das Viertel, das Besucherinnen und Besucher entlang der Bergmannstraße und ihrer Nebenstraßen erwartet. Dabei geht es in diesem Teil Kreuzbergs deutlich entspannter zu als im berüchtigten ehemaligen Postzustellbezirk SO 36. Geprägt ist der Bergmannkiez durch seine Gründerzeitarchitektur. Bei einem Rundgang darf ein Blick in traditionelle Hinterhöfe nicht fehlen. Ein Bummel vorbei an zahlreichen kleinen Geschäften und Buchhandlungen gehört genauso dazu wie die Einkehr in eines der zahlreichen Restaurants oder Cafés. Sehenswert ist außerdem eines der am besten erhalten Altbauviertel der Stadt am Chamissoplatz.

Gut erreichbar ist der Bergmannkiez mit der U-Bahn von der Haltestelle Gneisenaustraße oder dem Mehringdamm.

// Für Foodies

Ein Besuch der Marheineke Markthalle gehört zum Pflichtprogramm. Die Marktstände in der Halle decken ein großes Sortiment an Köstlichkeiten ab. Vor Ort laden auch Imbissstationen zum Verweilen und Verspeisen internationaler Leckereien ein.

Straßenszenerie im Bergmannkiez

Die Alternativen

1 ## Wrangelkiez

Der Wrangelkiez erhielt seinen Namen erst Ende der 1980er-Jahre und markiert die Gegend zwischen Skalitzer Straße, Görlitzer Park und Spree im Südosten Kreuzbergs. Bis heute sind hier kleine Produktionsbetriebe, Handwerk und Kultur erhalten geblieben. Das zeigt sich auch an der Mischung der Läden im Viertel. Dazu gehören Geschäfte mit Vintage-Mode genauso wie ein Laden, der die Herzen von Fans alter Vinylschallplatten höherschlagen lässt.

Mit vielen Klubs, Bars und Restaurants ist der Wrangelkiez aber vor allem ein Ausgehviertel. Dabei punkten einige Locations mit ihrer besonderen Lage an der Spree. Bei heißen Rhythmen ist dort Feiern mit Blick auf das Wasser angesagt – entweder von der Terrasse oder durch große Fensterfronten. Fans von Techno, House, Indie und Elektro kommen hier auf ihre Kosten. Wer jedoch eher Lust auf Speisen in besonderem Ambiente hat, findet ebenso gute Adressen.

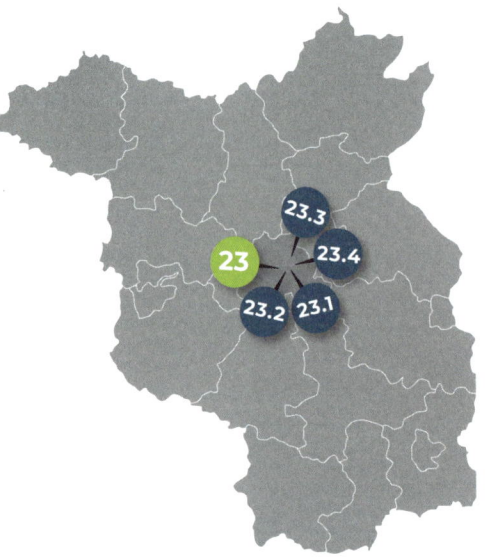
Klub im Wrangelkiez

*Der Wrangelkiez lässt sich am besten mit der U1 und
der U3 über die Haltestelle Schlesisches Tor erreichen.*

// Entspannen

*In der Nähe des Wrangelkiezes knüpft das Bade-
schiff in der Spree an die Tradition ehemaliger
Flussschwimmbäder an. Das Schwimmbecken
befindet sich im umgebauten Teil eines früheren
Frachtschiffverbunds.*

Am Maybachufer

2 Reuterkiez

Der Reuterkiez in Neukölln hat als Mittelpunkt
von zwei Multikulti-Vierteln einiges an Abwechslung zu bieten. Seinen Namen verdankt
der Kiez dem zentral gelegenen und nach dem
Schriftsteller Fritz Reuter benannten Reuterplatz.
Direkt an der Grenze zu Kreuzberg gelegen,
wird er aber gerne auch als Kreuzkölln bezeich-
net. Sehenswert sind einige denkmalgeschützte
Häuser in der Friedelstraße, der Hobrechtstraße
und der Weserstraße.

Wer es im Reuterkiez ruhiger mag, macht sich
auf zu einem Spaziergang am Maybachufer.
Dort am Landwehrkanal schaffen Bäume eine
kleine Oase im Trubel des Kiezlebens. Fans von
Secondhand und Vintage werden in vielen kleinen Läden fündig. Zahlreiche angesagte Bars
sorgen bei Partygängern für die Qual der Wahl.
Auch Kinofreunde finden im Reuterkiez noch
zwei ganz besondere Highlights: Internationale
Filme zeigt das Il Kino, das Wolf Kino ist ein un-
abhängiges Programmkino. Beiden gemeinsam
ist ein integriertes Café mit Bar.
*In den Reuterkiez geht es am besten mit der U8 bis zur
Haltestelle Schönleinstraße oder Hermannplatz.*

// Multikulti

*Am Maybachufer findet jeden Dienstag und Frei-
tag der sogenannte Türkenmarkt statt. Vor allem
türkische Händler bieten dort typische Spezialitäten, Obst und Gemüse sowie Stoffe an. Das
Angebot ist gut und günstig.*

③ Helmholtzkiez

Der Helmholtzkiez liegt zentral im Prenzlauer Berg zwischen Prenzlauer Allee, Stargarder Straße sowie Kastanien- und Pappelallee. Seinen Namen verdankt er dem Helmholtzplatz in seiner Mitte. Bekannt ist er aber auch unter dem Spitznamen LSD-Viertel, was sich allerdings weniger auf zugedröhnte Anwohnerinnen und Anwohner, sondern auf die im Kiez verlaufende Lychener-, Schliemann- und Dunckerstraße bezieht.

Im Helmholtzkiez haben sich bis heute vor allem Gebäude aus der Gründerzeit erhalten, deren Fassaden sind ein echter Blickfang. Viel Grün in den Straßen und am Helmholtzplatz sorgt für einen hohen Wohlfühlfaktor. Auch Kunst und Kultur stehen im Viertel hoch im Kurs. Ein

wahres Highlight ist dabei das Ballhaus Ost, in dem über das gesamte Jahr zahlreiche Produktionen der freien Theaterszene auf dem Programm stehen. Wer stattdessen auf gutes Essen setzt, hat die Auswahl unter Restaurants mit Köstlichkeiten aus aller Welt. Ein Muss außerdem für Fans von Eis-Spezialitäten: das Hokey Pokey.

Nächstgelegene S-Bahn-Station ist Prenzlauer Allee.

// Für Familien

Kleine Kinder haben im »MACHmit! Museum für Kinder« ihren Spaß. Dort können sie auf Entdeckungsreise durch Ausstellungen gehen. Im Kletterregal bahnen sie sich dabei ihren eigenen Weg durch die Exponate und erforschen das Thema spielerisch.

Häuser im Helmholtzkiez

b-ware! Ladenkino

4 Simon-Dach-Kiez

Kaum irgendwo in der Stadt ist das Publikum so bunt gemischt wie im Friedrichshainer Simon-Dach-Kiez, der sich von der Warschauer Straße bis zum Ostkreuz erstreckt. Bekannt ist er vor allem für seine Kneipenkultur, die seit vielen Jahren vor allem junge Leute anzieht. Bis in den frühen Morgen tobt hier das Leben in den Innen- und Außenbereichen der Lokalitäten. Großen Anteil daran haben auch die zahlreich vertretenen Klubs.

Wer es ruhiger angehen lassen will, sollte im Simon-Dach-Kiez nicht allzu spät unterwegs sein. Dann findet sich in den Restaurants noch die Gelegenheit zu entspannterem Essen. Auf den Teller kommen dabei im Viertel fast alle Küchen dieser Welt. Auch Kulturelles abseits des Mainstreams wird geboten. Sowohl das b-ware! Ladenkino als auch das Kino Intimes sind dafür gute Adressen. Eine Sehenswürdigkeit für sich ist bei Letzterem bereits die Graffiti-Außenfassade. *In gut fünf Minuten ist der Simon-Dach-Kiez zu Fuß vom S-Bahnhof Warschauer Straße erreichbar.*

// Marktbesuch

Sonntags Flohmarkt, samstags Wochenmarkt – beide Märkte auf dem Boxhagener Platz locken mit einem großen Angebot. Ein Bummel lohnt sich unbedingt. Wer gerne feilscht, ist auf dem Sonntagsmarkt gerade richtig.

#Naturliebe

24 Insel der Jugend

Trubelig geht es vor allem bei Sonnenschein auf der Insel der Jugend im Treptower Park zu. Inmitten der Spree bietet die Insel den idealen Ort für ein gemütliches Picknick zu zweit oder mit Freunden. Herrlich entspannen lässt sich beim Blick über das Wasser. Doch auch für Action ist gesorgt. Dafür hält der Bootsverleih am Kulturhaus der Insel Tretboote, Kajaks und SUPs bereit.

Perfekt als Ausflugsziel an einem Sommertag eignet sich der Biergarten auf der Insel der Jugend. Regelmäßig locken auch Veranstaltungen wie Freiluftkino, Konzerte oder Poetry-Slams zu einem Besuch und garantieren ein Kulturerlebnis in besonderer Atmosphäre.
www.visitberlin.de/de/insel-der-jugend

// Sehenswert

Wer dem Spreeufer Richtung Plänterwald folgt, kann die Veränderungen im Spreepark beobachten. Sind die alten Fahrgeschäfte aktuell als Lost Place Teil der Landschaft, werden sie sich künftig als Kunst einfügen. Auch das Eierhäuschen wartet auf Gäste.

Die Alternativen

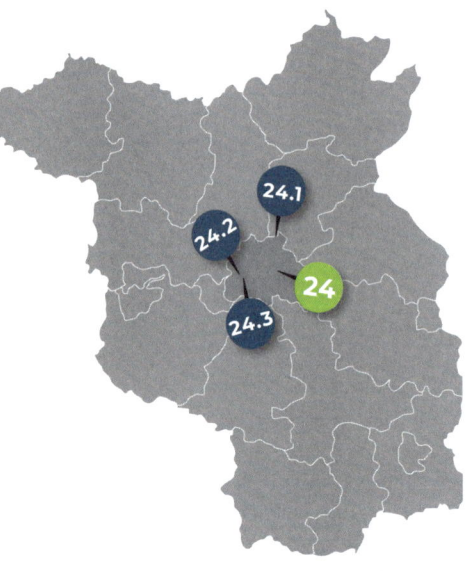

Bäume in den unterschiedlichsten Farben leuchtet. Romantisch wird es vor allem dann, wenn der Morgennebel langsam aus dem Schilf hochsteigt und die Sonne ihre ersten Strahlen durch die Baumwipfel schickt. Wer Glück hat, entdeckt auf seiner Wanderung auch die dort ganzjährig frei laufenden Rinder. Doch Vorsicht: So flauschig sie aussehen – als Streicheltiere eignen sie sich nicht.

In ihrer kürzesten Version ist die Wanderrunde um die Karpfenteiche knapp vier Kilometer lang. Nach Lust und Laune lässt sie sich jedoch auf über zehn Kilometer ausdehnen. Gut begehbare Feld- und Waldwege gibt es in Buch reichlich. Ein lohnender Umweg mit weiterer Gelegenheit zur Vogelbeobachtung führt dabei zur Moorlinse. *www.berlin-buch.com/de/forst*

// Noch mehr Natur

Eine absolute Empfehlung ist der Umweg über die Karower Teiche etwas weiter südlich. Denn dort finden Vögel wie Graureiher und Zwergtaucher weitere Rast- und Brutplätze. Auch Amphibien und Reptilien lassen sich dort regelmäßig beobachten.

1 Zu den Karpfenteichen in Buch

Idyllisch liegen die Karpfenteiche in den Bucher Forsten im nördlichen Berlin. Umrahmt von Laubwäldern, reihen sich die drei durch Zuflüsse miteinander verbundenen Teiche zu einer Kette. Der größte von ihnen ist der Bogensee, an dem sich nicht nur Amphibien, sondern auch zahlreiche Vögel besonders wohlfühlen. Eine Hinweistafel klärt hier über das Leben im See und am Ufer auf. Von einer Aussichtsplattform lässt sich je nach Jahres- und Tageszeit ein reges Treiben beobachten.

Besonders schön ist ein Spaziergang um die Karpfenteiche im Herbst, wenn das Laub der

Rinder im Bucher Forst

Bogensee in Buch

2 Havelhöhenweg

Stetig auf und ab geht es auf einem der schönsten Berliner Wanderwege. Über Stock und Stein, weichen märkischen Sand und allerlei Wurzelwerk führt der Havelhöhenweg entlang des bis zu 35 Meter hochragenden Steilufers der Havel. An einigen Stellen erleichtern Stufen den Auf- und Abstieg. Als Lohn der Anstrengung genießen die Wandernden beinahe durchgängig eine herrliche Aussicht auf die Havel. Gut beobachten lassen sich so bei schönem Wetter auch zahlreiche Segelboote auf dem Wasser.

Bestens ausgeschildert mit dem Logo aus einem blauen, gelben und grünen Dreieck mit roter Schrift zieht sich der Havelhöhenweg auf etwa zehn Kilometern von der Stößenseebrücke im Norden bis zum Strandbad Wannsee im Süden. Dabei ist die Wanderrichtung im Grunde egal.

Unterwegs weisen Nummerierungen auf die Highlights in der Umgebung hin. Dazu zählen der Grunewaldturm mit seinem wunderbaren Rundumblick, die Inseln Lindwerder und Schwanenwerder oder auch die beiden Stadtteile Kladow und Gatow.

An warmen Tagen laden ein paar Strandabschnitte am Weg zu einer Pause mit Abkühlung ein. Auch einige Bänke bieten sich für eine Rast mit Aussicht an. Und wer unterwegs nach einer Möglichkeit zur Einkehr sucht, wird vor allem am Anfang und am Ende der Wanderung sowie am Grunewaldturm fündig.

Havelhöhenweg, www.berlin.de/forsten/walderlebnis/waldspaziergang-havelhoehenweg/

// Für Architekturliebhaber

In der Nähe der Stößenseebrücke lohnt das Landhaus Am Rupenhorn einen Besuch. 1932 wurde es im Stil der klassischen Moderne erbaut. Danach erlebte es eine wechselvolle Geschichte mit vielen Besitzern. Heute ist es nach Voranmeldung zu besichtigen.

Havel an der Stößenseebrücke

③ Rund um den Schlachtensee

Deutschlandweit bekannt wurde der Schlachtensee in der Vergangenheit durch einen sogenannten »Monsterwels«. Sogar eine Schwimmerin soll der Fisch vor Jahren gebissen haben. Ein gemütlicher Spaziergang rund um den See im südlichen Teil des Grunewalds braucht aber keinen besonderen Mut. 5,5 Kilometer lang ist die Runde um das schlauchförmige Gewässer. Beliebt ist die Strecke auch als Joggingrevier. Eine ruhige Alternative ebenfalls mit Blick auf den See bietet ein oberhalb gelegener Weg auf der nordwestlichen Seite.

Fast durchgehend punktet der Uferweg mit leichtem Zugang zum Wasser. So fällt der Blick unterwegs immer wieder auf die vorbeiziehenden Wasservögel oder Wassersportler. Und wer mag, lässt sich vor allem im Sommer von Fischen und anderen Wasserbewohnern nicht abschrecken und nutzt die zahlreichen Badestellen für ein erfrischendes Bad im See. Auch für ein ausgiebiges Sonnenbad findet sich fast immer ein Plätzchen.
Diejenigen, die lieber auf dem See aktiv sind, können in der Nähe der Fischerhütte ein Ruderboot ausleihen oder sich mit einem SUP ausrüsten. Ein idealer Platz für die Stärkung nach sportlicher Aktivität findet sich schließlich in der Fischerhütte oder in ihrem Biergarten.

Mit der S-Bahn ist der See über den Bahnhof Schlachtensee direkt erreichbar.

// Den Spaziergang verlängern

In unmittelbarer Nähe des Schlachtensees befindet sich die Krumme Lanke. Von der Fischerhütte sind es nur etwa fünf Minuten Fußweg bis dorthin. Auf 2,8 Kilometern Länge führt ein Rundweg um diesen idyllischen und ruhigen Nachbarsee.

Im Biergarten der Fischerhütte

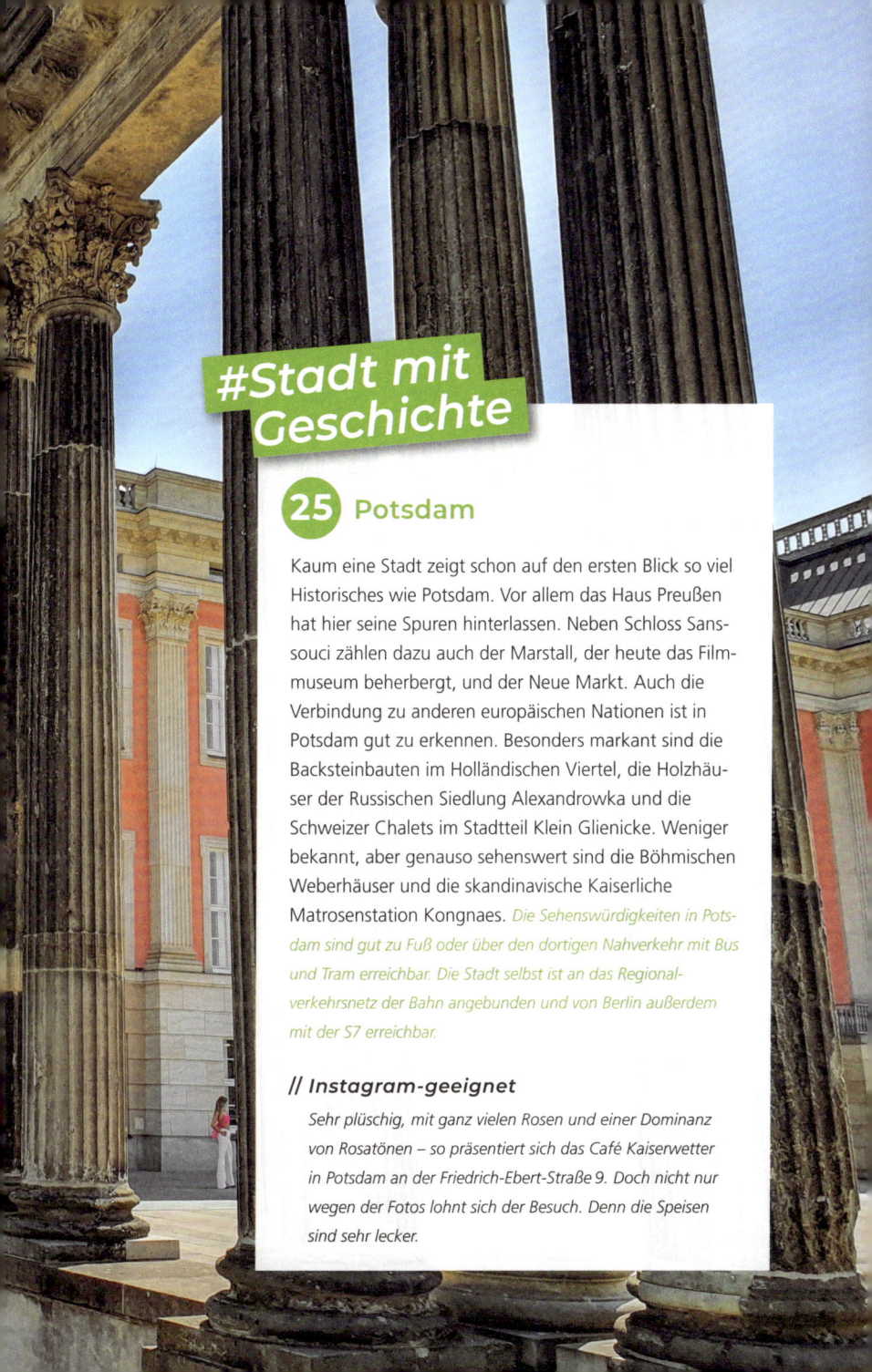

#Stadt mit Geschichte

25 Potsdam

Kaum eine Stadt zeigt schon auf den ersten Blick so viel Historisches wie Potsdam. Vor allem das Haus Preußen hat hier seine Spuren hinterlassen. Neben Schloss Sanssouci zählen dazu auch der Marstall, der heute das Filmmuseum beherbergt, und der Neue Markt. Auch die Verbindung zu anderen europäischen Nationen ist in Potsdam gut zu erkennen. Besonders markant sind die Backsteinbauten im Holländischen Viertel, die Holzhäuser der Russischen Siedlung Alexandrowka und die Schweizer Chalets im Stadtteil Klein Glienicke. Weniger bekannt, aber genauso sehenswert sind die Böhmischen Weberhäuser und die skandinavische Kaiserliche Matrosenstation Kongnaes. *Die Sehenswürdigkeiten in Potsdam sind gut zu Fuß oder über den dortigen Nahverkehr mit Bus und Tram erreichbar. Die Stadt selbst ist an das Regionalverkehrsnetz der Bahn angebunden und von Berlin außerdem mit der S7 erreichbar.*

// Instagram-geeignet

Sehr plüschig, mit ganz vielen Rosen und einer Dominanz von Rosatönen – so präsentiert sich das Café Kaiserwetter in Potsdam an der Friedrich-Ebert-Straße 9. Doch nicht nur wegen der Fotos lohnt sich der Besuch. Denn die Speisen sind sehr lecker.

Die Alternativen

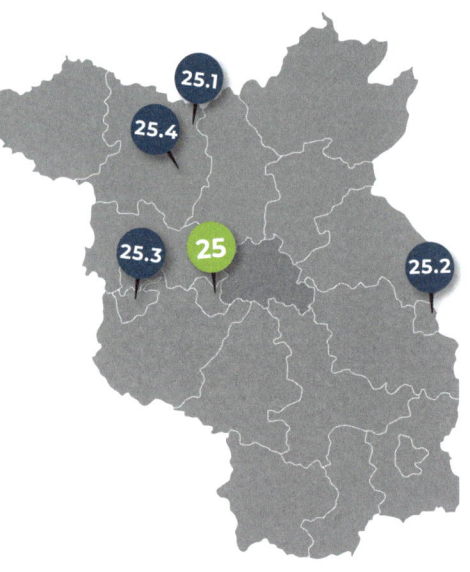

Am Ufer des Grienericksees präsentiert sich Rheinsberg zu jeder Jahreszeit mit einem ganz besonderen Flair. Dabei hat sich die Stadt außerdem einen Namen als Töpferstadt gemacht. Seit langer Zeit ist die Keramiktradition dort sehr lebendig. Jedes Jahr im Oktober zieht ein Töpfermarkt Ausstellerinnen und Aussteller aus ganz Deutschland an. Interessante Informationen rund um diese Kunst finden sich zusammen mit Exponaten im Museum im Spritzenhaus. *Am besten ist die Stadt zu Fuß zu erkunden. Mit der Bahn ist Rheinsberg gut erreichbar.*

// Mein Tipp

Absolut zu empfehlen ist ein Besuch der Eis-Zauberei. Mit dem Eis auf Bio-Basis und passenden Zutaten kann jeder sein eigenes Lieblingseis kreieren. Grundlage sind solch ausgefallene Sorten wie Walnuss-Pflaume-Zimt, Brombeer-Krokant oder Apfel-Meerrettich.

1 Rheinsberg

Romantisch wirkt die ehemalige Residenzstadt Rheinsberg im Ruppiner Seenland. Kein Wunder, dass schon vor langer Zeit Schriftsteller ihre Begeisterung für sie entdeckten. Den Aufenthalt dort hat Theodor Fontane in seinen »Wanderungen durch die Mark Brandenburg« beschrieben. Nach Kurt Tucholsky ist das Städtchen ein »Bilderbuch für Verliebte«. Und auch heute noch zeigt sich Rheinsberg mit seinem historischen Stadtkern und gut erhaltenen Stubenhäusern aus der Mitte des 18. Jahrhunderts bei einem Rundgang von seiner äußerst sehenswerten Seite.

Straßenbild in Rheinsberg

Rathaus in Frankfurt (Oder)

2 Frankfurt (Oder)

Keine andere Stadt lebt heute den europäischen Gedanken so sehr wie Frankfurt an der Oder, das sich zusammen mit dem polnischen Slubice auf der anderen Seite des Flusses zu einer europäischen Doppelstadt zusammengeschlossen hat. Auch wer nach Historischem Ausschau hält, hat in Frankfurt einiges zu entdecken. Immerhin zählte die Stadt im Mittelalter zu den bedeutenden Hanse- und Handelsstädten. Sehenswert sind aus dieser Zeit neben dem Rathaus und der Friedenskirche vor allem die Kirche St. Marien als eine der größten Hallenkirchen in norddeutscher Backsteingotik, die auch mit farbenfrohen Bleiglasfenstern begeistert. Außerdem lädt die Stadt als Geburtsstadt Heinrich von Kleists zu einem Rundgang auf seinen Spuren.

Das Uferpanorama von Frankfurt genießen Besucherinnen und Besucher bei einem Bummel auf der Oderpromenade. Noch besser präsentiert sich der Blick von der Insel Ziegenwerder. Idyllisch im Fluss gelegen, lädt sie zu einem Spaziergang inmitten herrlicher Natur.

In der Innenstadt sind die Sehenswürdigkeiten fußläufig erreichbar. Eine Direktverbindung nach Frankfurt (Oder) besteht von Berlin Hauptbahnhof mit dem RE1.

// Über den Fluss

Ein Gang über die Grenze nach Polen ist beim Städtetrip nach Frankfurt (Oder) ein Muss. Zu Fuß geht es unkompliziert über die Grenze mitten auf der Stadtbrücke, die die Stadt mit ihrer Nachbarstadt Slubice verbindet.

In der Altstadt von Brandenburg (Havel)

3 Brandenburg (Havel)

Völlig zu Recht trägt Brandenburg an der Havel den Beinamen »Venedig der Mark Brandenburg«. Die Verbindung zum Wasser wird in der Stadt überall spürbar. Schließlich ist sie von zahlreichen Seen, Kanälen und Flutgräben umgeben und durchzogen. Auch das historische Stadtzentrum aus Alt- und Neustadt sowie Dominsel befindet sich auf drei Inseln. Der Ursprung der Stadt liegt sogar mehr als 1000 Jahre zurück, sie gilt als Wiege des heutigen Landes Brandenburg.

Auffällig beim Rundgang durch die Stadt Brandenburg sind die zahlreichen Kirchen und Türme. Dazu zählen die St. Katharinenkirche, der Dom St. Peter und Paul, die St. Gotthardkirche sowie der Mühlentorturm und der Steintorturm. Sie alle lohnen einen genaueren Blick auf die Details in ihren Fassaden. Nicht zu übersehen ist beim Bummel auch ein weiteres Highlight der Stadt: der Waldmops. Als Bronzefigur weist er an zahlreichen Standorten auf Vicco von Bülow alias Loriot als berühmten Brandenburger hin.

Die Sehenswürdigkeiten in Brandenburg (Havel) sind gut zu Fuß oder mit Bus und Tram erreichbar.

// Im Wasser

Die ausgedehnte Wasserlandschaft rund um Brandenburg bietet vielfältige Möglichkeiten: Badesspaß, Ausflüge mit dem Kanu oder dem Stand-up-Paddling-Board, Fahrten mit dem Hausboot …

4 Neuruppin

Malerisch liegt Neuruppin am Ruppiner See. Von der Uferpromenade schweift der Blick weit über das längste Gewässer Brandenburgs. Dabei lohnt der Besuch in der Stadt nicht nur wegen der herrlichen Seenlandschaft. Auch der charmante historische Stadtkern des 1238 erstmals erwähnten Neuruppin begeistert mit zahlreichen Sehenswürdigkeiten. Um stattliche Plätze und entlang der kopfsteingepflasterten Straßen gruppieren sich hübsche Häuser im Stil des Klassizismus. Imposant sind die Klosterkirche St. Trinitatis und die heute als Kulturkirche genutzte Pfarrkirche St. Marien, in der eine Dauerausstellung zum großen Stadtbrand informiert.

Nicht vorbei kommen Besucherinnen und Besucher in seiner Geburtsstadt Neuruppin außerdem an Theodor Fontane. Eindrucksvoll thront er auf seinem Denkmal. Auch sein Geburtshaus und die Apotheke der Familie sind heute noch von außen zu sehen. Umfangreiche Informationen über den Schriftsteller sind im Museum Neuruppin zu finden.

In der Innenstadt von Neuruppin sind die Sehenswürdigkeiten gut zu Fuß erreichbar. Eine Verbindung von Berlin besteht mit dem RE6.

// Um den See

Hübsche Dörfer, schöne Rastplätze und vor allem herrliche Natur begleiten die Fontane-Tour rund um den Ruppiner See. Gut lassen sich die 14 Kilometer mit dem Fahrrad bewältigen, aber auch als Wanderung lohnt diese Tour ab Neuruppin.

Neuruppin

Schloss Sanssouci

#Schloss-romantik

26 Schloss Sanssouci

Prachtvoll thront Schloss Sanssouci auf der obersten Etage der Weinterrassen. Längst hat sich das Lustschloss Friedrichs des Großen zu einem Mythos entwickelt. Bis heute hinterlassen die eleganten Räume bleibenden Eindruck. Faszinierend anzusehen sind kunstvolle Verzierungen und Ornamente sowie filigrane Stuckarbeiten an Wänden und Decken. Ein Kunstwerk für sich ist der Marmorsaal. Nicht fehlen darf auch ein Rundgang durch den Park mit seiner zwei Kilometer langen Hauptallee. Zu entdecken sind dabei neben der wunderschönen Gartengestaltung auch das Chinesische Teehaus, die Orangerie und das Neue Palais.

Schloss Sanssouci, Maulbeerallee, 14469 Potsdam,
www.spsg.de/schloesser-gaerten/objekt/schloss-sanssouci/

// In den Terminkalender

Jedes Jahr im Sommer macht die Schlössernacht einen Besuch im Park von Schloss Sanssouci zum besonderen Erlebnis. Begleitet von vielfältigem Programm und zahlreichen internationalen Künstlern faszinieren die illuminierten Schlösser und der Park.

Die Alternativen

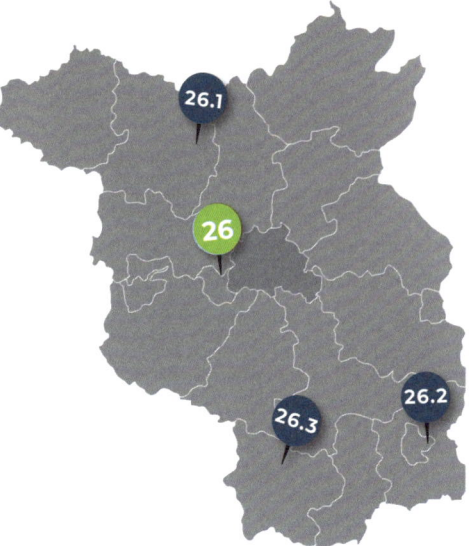

1 ## Schloss Rheinsberg

Schon auf den ersten Blick bezaubert Schloss Rheinsberg durch seine traumhafte Lage direkt am Grienericksee. Umrahmt von einem Lustgarten und vor der herrlichen Kulisse der Seenlandschaft präsentiert es sich als harmonische Einheit. Fast ein wenig mystisch wirkt das Schloss, wenn im Herbst die Nebel über dem See aufsteigen. Doch auch zu den anderen Jahreszeiten fasziniert seine Architektur im Stil des frühen Klassizismus.

Alle, die heute durch Schloss Rheinsberg und seinen Park spazieren, werden Friedrich den Großen verstehen: Auf Schloss Rheinsberg verbrachte der spätere König seine glücklichsten Tage. Erst später prägte sein jüngerer Bruder Heinrich, der in Rheinsberg von 1752 bis zu seinem Tod lebte, diesen Ort. Die Spuren seiner Kunstbegeisterung sind auch heute noch allgegenwärtig, unter anderem im Treppenhaus des Schlosses und im außergewöhnlichen Muschelsaal.

In besonderer Begeisterung war auch Kurt Tucholsky der Stadt Rheinsberg und dem Schloss verbunden. Diese Verbindung greift

Blick über den Grienericksee auf Schloss Rheinsberg

heute das in seinen Räumen beheimatete Kurt Tucholsky Literaturmuseum auf. Für Literaturbegeisterte lohnt der Besuch der wechselnden Ausstellungen und Lesungen. *Schloss Rheinsberg, Schloss Rheinsberg 2, 16831 Rheinsberg, www.spsg. de/schloesser-gaerten/objekt/schloss-rheinsberg*

// Mein Tipp

Jedes Jahr im Sommer ist Schloss Rheinsberg Schauplatz des Internationalen Festivals junger Opernsänger. Vor der wunderschönen Schlosskulisse begeistern die Preisträger des Internationalen Gesangswettbewerbs der Kammer mit hervorragendem Programm.

Schloss Branitz

2 Schloss Branitz

Von seinem einstigen Besitzer in besonderem Maße geprägt ist auch Schloss Branitz am Rand von Cottbus. Fürst Hermann von Pückler-Muskau war ein äußerst gebildeter und weit gereister Mann, der das Herrenhaus seiner Vorfahren in einen Wohnsitz nach eigenen Vorstellungen umbauen ließ. Farbenprächtig und abwechslungsreich sind die Räume in kräftigem Lila, Gelb oder Blau gestaltet. Detailreiche Dekorationen bilden genauso einen Blickfang wie das Mobiliar. Auch die Reiseleidenschaft von Fürst Pückler, die ihn unter anderem nach Itali-

en, England und Irland, ja sogar bis nach Ägypten führte, zeigt sich immer wieder. Wahrscheinlich ist sie auch Ursache einer weiteren Besonderheit. Denn im Park Branitz sind zwei Pyramiden zu bewundern. In der Seepyramide befindet sich die Grabstätte von Fürst Pückler und seiner Frau.

Wunderschön angelegt ist um Schloss Branitz herum der Landschaftspark. Gestaltet ist er nach dem Vorbild englischer Landschaftsgärten. Wegen der Sichtachsen gibt es hier keine gera-

Schloss Doberlug

den Wege. Außerdem wurden alle Pfade knapp
unterhalb der Rasenflächen angelegt, sodass sie
auf eine größere Entfernung überhaupt nicht
erkennbar sind – und damit auch nicht den
optischen Eindruck dieses Parks stören.
Schloss Branitz, Robinienweg 5, 03042 Cottbus,
www.pueckler-museum.de/

// In der Nähe

Nach dem Besuch von Schloss Branitz lohnt ein
Gang durch die Cottbuser Innenstadt. Einen
guten Überblick bietet der Aufstieg auf den
Spremberger Turm. Sehr interessant ist außer-
dem das Brandenburgische Apothekenmuseum
am Altmarkt.

Wasserpyramide im Park von Schloss Branitz

3 Schloss Doberlug

Mit seiner imposanten Erscheinung beeindruckt das aus einem ehemaligen Kloster umgebaute, im Renaissancestil errichtete Schloss Doberlug schon Weitem. Dabei diente es in seiner wechselvollen Geschichte nur als Nebensitz und Jagdschloss und verlor selbst diese Funktion bereits vor langer Zeit. Ab 1773 wurde Schloss Doberlug erst einmal zum Behördensitz, bevor es 1857 zum Gefängnis umfunktioniert wurde. Zu DDR-Zeiten zog schließlich zuerst die kasernierte Volkspolizei in die Gebäude, danach folgte die NVA als Nutzerin.

Nach umfangreichen Restaurierungsarbeiten beherbergt Schloss Doberlug heute ein Museum. Kaum verwunderlich, ist beim Gang durch die Räume nur wenig von der ursprünglichen Pracht zu entdecken. Wechselnde Ausstellungen und die gut und modern aufgemachte

Dauerausstellung begeistern aber dennoch. Unter dem Titel »Doberlug und das sächsische Brandenburg« erzählt sie die Geschichte von Kloster, Schloss und barocker Planstadt. Integriert sind hier auch Multimediainhalte. Ein Highlight dabei ist der Identomat, der spielerisch zur Antwort auf die Frage führt, ob jemand Sachse oder Preuße ist.

Museum Schloss Doberlug, Schlossplatz 1, 03253 Doberlug-Kirchhain, www.schloss-doberlug.de

// Lohnender Umweg

Gut 30 Kilometer entfernt von Doberlug liegt das hübsche Städtchen Luckau. Highlights beim Stadtbummel sind die Nikolaikirche, die Georgenkapelle mit dem Hausmannsturm und das Napoleonhäuschen. Süße Leckereien bietet die Konditorei Klinkmüller.

#Schiffstour

27 Schlösserrundfahrt Potsdam

Einen besonderen Blick auf Potsdams zahlreiche Schlösser und Parks bietet die Perspektive vom Wasser aus. Schon bald nach dem Ablegen kommen am Tiefen See die ersten Highlights mit Schloss Babelsberg, dem Flatowturm und dem Hofdamenhaus in Sicht. Geschichtsträchtig wird es dann unter der Glienicker Brücke, wo zu DDR-Zeiten die Trennlinie zwischen den beiden deutschen Staaten verlief. Weiter geht es schließlich über den Jungfernsee, der von zahlreichen Sehenswürdigkeiten umrahmt ist. Neben der Sacrower Heilandskirche sind von hier aus das Schloss auf der Pfaueninsel, das Marmorpalais im Neuen Garten und Schloss Cecilienhof zu sehen. *Weiße Flotte Potsdam, Lange Brücke 6, 14467 Potsdam, www.schifffahrt-in-potsdam.de*

// Italienischer Abend

Ein Hauch von Venedig weht über Potsdam, wenn die echt venezianische Gondel über heimische Gewässer gleitet. Buchbar ist die Gondelfahrt für zwei bis vier Personen. Romantisch wird es mit der passenden Musik und einem Gläschen Sekt an Bord.

Mit dem Ausflugsboot an der Pfaueninsel vorbei.

Die Alternativen

Scharmützelsee Bad Saarow

»Märkisches Meer« hat Theodor Fontane den Scharmützelsee damals genannt. Immerhin ist er mit seinen zwölf Kilometern Länge der zweitlängste See in ganz Brandenburg. Da lohnt es sich auf jeden Fall, mit einem der vier Ausflugsschiffe auf große Fahrt zu gehen und die Perspektive auf Bad Saarow und die herrliche Waldlandschaft vom Wasser aus zu genießen. Mehrmals täglich geht es vom örtlichen Hafen zu einer etwa zweistündigen Rundfahrt mit der Weißen Flotte.

Bald nach dem Ablegen schieben sich neben einer Landzunge zwei kleine Inseln in den Blick: der Kleine und der Große Werl. Sehr gut vom Schiff aus angemessener Entfernung zu beobachten sind die zahlreichen Kormorane, die dort auf den kahlen Bäumen rasten. Sie gehören zu einer der größten Kolonien ihrer Art im Land Brandenburg. Alleine auf der kleineren Insel wurden 350 Brutpaare beobachtet. Noch ein

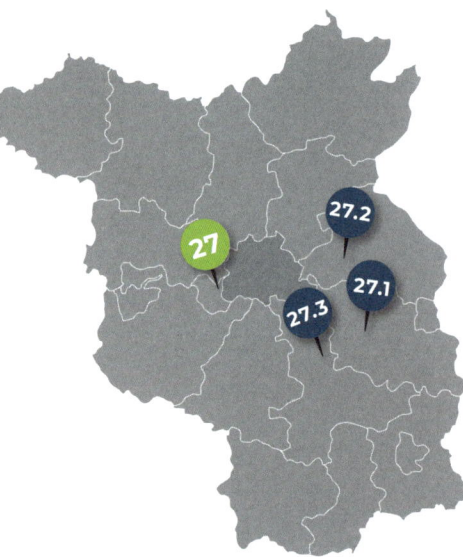

Einfahrt in den Kanal Richtung Schleuse bei Wendisch Rietz

kurzer Blick, und schon kommen ein paar Häuser am Ufer in Sicht. Weiter geht die Fahrt schließlich bis Wendisch Rietz. Ein kleiner Kanal weist hier den Weg zur Schleuse in Richtung Storkower See. Doch für das Ausflugsschiff markiert das idyllische Örtchen den Wendepunkt, von dem es zurück nach Bad Saarow geht. *Scharmützelsee Schifffahrtsgesellschaft, Seestraße 40, 15526 Bad Saarow, www.bad-saarow-schiff.de*

// Unter vollen Segeln

Wer auf dem Scharmützelsee die Segel setzen will, kann dies beim Mitsegeln tun. Auf der modernen Segeljacht finden zwölf Personen Platz und können den Ausflug im Winter sogar bei Glühwein genießen. Ein besonderes Erlebnis ist auch das Sunset-Sailing.

2 Schifffahrt auf dem Straussee

Landschaftlich gehört der im Nordosten von Berlin gelegene Straussee zu den reizvollsten Seen in Brandenburg. Nicht ganz unproblematisch ist inzwischen allerdings die Tatsache, dass er vor allem von Grundwasser gespeist wird. Durch zunehmende Wasserknappheit hat er in den letzten Jahren bereits an Fläche verloren. Noch ist die Ausflugsfahrt mit der »Annemarie« aber möglich und bietet einen schönen Blick auf die landschaftlich reizvolle Umgebung. Dazu unterhält die Crew mit historischen Fakten zum See und interessanten Informationen über die Sehenswürdigkeiten im Städtchen Strausberg.

Klein, aber fein ist das Schiff, mit dem die Gäste eine Stunde lang über den Straussee schippern. Besonders begeistert dabei der historische Charme der »Annemarie«, die an die erste Zeit

der Schifffahrt auf dem See anknüpft. Anders als vor mehr als 70 Jahren, geht es heute jedoch mit Elektroantrieb voran. Nicht zu kurz kommen außerdem die kulinarischen Genüsse. Ein echtes Highlight ist dabei die Brunchfahrt am Sonntag. *Fahrgastschiff Rinast, Fichteplatz, 15344 Strausberg, www.schifffahrt-strausberg.de*

// Badeausflug

Wer vor oder nach dem Schiffsausflug noch ein Bad im Straussee nehmen will, sollte zur Badestelle »Jenseits des Sees« fahren. Einzigartig ist die per Oberleitung elektrisch betriebene Personenfähre, die dorthin fährt.

In Strausberg am Ufer des Straussees

3 Dahme-Schifffahrt Teupitz

Viel Natur erwartet die Gäste auf dem Ausflug mit der »Schenkenland«. Dabei erkunden sie gleich mehrere der Dahmeseen auf ihrer Tour. Wählen können sie zwischen einer zweistündigen Fahrt über vier Seen, einer dreistündigen über sieben Seen und der Tagestour, wo ganze zehn Seen auf dem Programm stehen. Start und Ziel aller Fahrten ist auf dem Teupitzer See, wobei nach Absprache auch der Zustieg an Anlegestellen unterwegs möglich ist.

Zwischen den Wäldern des Teupitzer Sees fällt der Blick immer wieder auf versteckte Badestellen und Zeltplätze. Bald geht es dann aber durch das sogenannte Große Fenster weiter auf den Schweriner See. In ganz besonderer Lage fallen hier auf einer Halbinsel ein paar herrliche Anwesen ins Auge, bevor die Schenkenland in den Mochgraben einbiegt. Durch den Kanal aus der Mitte des 18. Jahrhunderts wird schließlich der Zemmin-See erreicht. Abenteuerlich wird es

Auf dem Teupitzer See

Teupitzer Hafen

dann aber erst im bald folgenden Eisenbahnka-
nal, der unter drei Brücken hindurchführt. Wer
den Schulzensee bei Groß Köris unversehrt erreichen will, sollte vor allem bei der letzten
Brücke auf Deck unbedingt sitzen bleiben.
Dahme-Schifffahrt Teupitz, Markt 16, 15755 Teupitz,
www.dahme-schifffahrt.de

// Für Wanderer

Erst auf den See, dann um die Seen. Eine aus-
gedehnte Wanderung ist eine gute Ergänzung
zur Schiffstour. Über elf Kilometer geht es ent-
lang mehrerer Seen durch die Wälder der Regi-
on. Neben der Naturquelle am Tornower See ist
das heute noch betriebene Mühlen-Sägewerk
sehenswert.

Am Ufer der Havel in Brandenburg (Havel)

#Pilgerweg

28 Brandenburgischer Jakobsweg

Spätestens seit Hape Kerkeling auf dem Jakobsweg unterwegs war, hat diese Form zu wandern eine wachsende Fangemeinde gewonnen. Das Pilgern ist heute nicht mehr unbedingt mit Religiosität verbunden und es muss auch nicht zwingend eine Reise in den Norden Spaniens sein, um auf diesem Pfad unterwegs sein zu können. Auch in Brandenburg und Berlin gibt es ein Wegenetz an Jakobswegen. Mögliche Ausgangspunkte sind Stettin, Frankfurt (Oder) und Berlin. Ab Leipzig oder Brandenburg (Havel) geht es dann auf dem Jakobsweg in Sachsen oder Sachsen-Anhalt weiter.

Information über die verschiedenen Jakobswege in Brandenburg bietet die Brandenburger Jakobusgesellschaft: www.brandenburger-jakobswege.de

// Mein Tipp

Landschaftlich schön ist der Jakobsweg von Frankfurt (Oder) nach Leipzig. Die Route führt vorbei an idyllischen Seen und durch kleine Dörfer. Sie durchquert den Spreewald und streift schließlich die Dübener Heide.

Die Alternativen

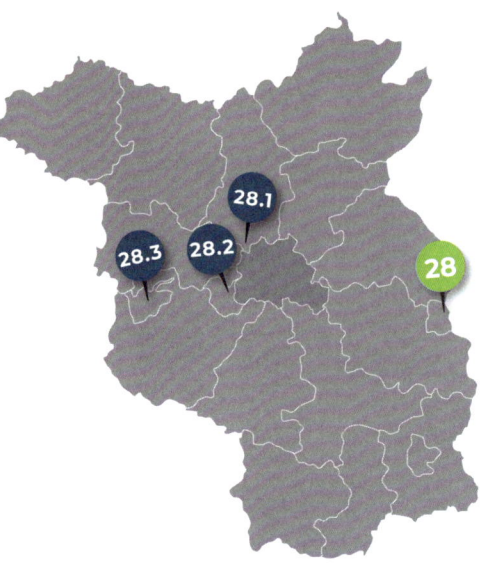

1 Berlin–Bad Wilsnack

Weit weniger bekannt als der Jakobsweg, aber landschaftlich ausgesprochen reizvoll ist der Pilgerweg, der in sechs oder sieben Etappen von Berlin nach Wilsnack führt. Als Wegweiser dient den Pilgernden auf der 118 Kilometer langen Strecke ein Symbol aus drei orangefarbenen Hostien, die in Abständen von maximal 1000 Metern den Weg markieren. Seine Anziehungskraft als Pilgerort hat Bad Wilsnack bereits im Mittelalter gewonnen. Ziel der Gläubigen waren damals die Bluthostien, die in der Wilsnacker Kirche St. Nikolai aufbewahrt wurden. Dahinter steht die Legende eines Hostienwunders, das sich im Jahr 1383 ereignet haben soll. 1552 verbrannte jedoch der erste evangelische Pfarrer der Gemeinde die Hostien, womit der Grund für die Wallfahrten entfiel.

Seit 2006 ist die Wunderblutkirche von Bad Wilsnack nun wieder Ziel des Pilgerweges. Als offene Kirche ist sie jedermann und jederfrau zugänglich. Der Pilgerweg verläuft durch die ruhigen Landschaften der Prignitz. Unterwegs kommen die Pilgernden durch Bötzow, Linum, Wusterhausen/Dosse oder Kyritz. Wer mag, verbindet seine Pilgerschaft mit einer Wanderung auf dem 66-Seen-Wanderweg oder setzt sie auf dem Jakobsweg fort.

Start des Pilgerwegs ist in Henningsdorf, das gut mit dem RE6 zu erreichen ist. Ziel ist in Bad Wilsnack. Von dort fährt der RE2 zurück nach Berlin.

// Unterwegs

Der Pilgerweg von Berlin nach Bad Wilsnack führt durch Linum. Je nach Jahreszeit lohnt es sich, nach Störchen, Gänsen oder Kranichen Ausschau zu halten. Auch einige Kirchen in den Dörfern unterwegs sind einen genaueren Blick wert.

Emblem des Jakobswegs

St.-Nikolai-Kirche in Potsdam

2   Potsdamer Pilgerwege

Pilgern in seiner ursprünglichen Form ist mehr als eine bloße Fortbewegung, vielmehr gehört dazu auch der spirituelle Charakter. Dabei verfolgen Pilgernde oft ihr ganz individuelles Ziel. Während die einen zur Ruhe kommen wollen, befinden sich die anderen in besonderen Lebenssituationen und suchen nach einer Antwort auf Lebensfragen. Als Meditation in Bewegung verhilft Pilgern dabei manches Mal zu den gewünschten Lösungen. Wege über mehrere Tage sind dafür jedoch nicht unbedingt nötig.

In und um Potsdam finden Pilgernde verschiedene Pilgerwege, die ihnen eine kurze Auszeit vom Alltag verschaffen. Etwa drei Stunden dauert die Runde auf dem Waldpilgerweg. Von der Kirche in Bornim geht es durch das Katharinenholz vorbei an den Düsteren Teichen zum Schloss Lindstedt und der Kirche in Bornstedt.

Wer sein Pilgern mit Kirchenbesuchen unterfüttern will, wählt die fünfstündige Route von der St. Nikolaikirche über die Französische Kirche und die Kirche St. Peter und Paul zur Russisch-orthodoxen Kirche. Ziel der Pilgerroute ist in der Friedenskirche am Gründen Gitter. Angeboten wird außerdem eine einstündige meditative Pilgertour vom Obelisken zur Friedenskirche. *Alle Startpunkte der Pilgerrouten sind innerhalb Potsdams gut erreichbar.*

// Gruppenerlebnis

Der Verein Potsdamer Pilgerwege hat verschiedene Wege in der Region erschlossen und bietet Pilgern in der Gruppe an. Die Dauer der Touren variiert von einer bis fünf Stunden. Termine sind auf der Website zu finden: www.pilgern-in-potsdam.de.

Stadtmodell von Havelberg

3 Kirchenwege im Havelland

»Von Dom zu Dom« lautet das Motto der Kirchenwege im Havelland. Gemeint sind damit der Dom in Brandenburg an der Havel und der Dom in der Hansestadt Havelberg im benachbarten Sachsen-Anhalt. Dabei führen die Wege zwischen den beiden Gotteshäusern durch wunderschöne Landschaften und hübsche Dörfer mit langer Geschichte. Immer wieder kommen unterwegs kleine und große Kirchen in Sicht. Insgesamt 85 befinden sich in der gesamten Region. Mal sind sie aufwendig restauriert, mal vom Verfall bedroht. Jede einzelne beeindruckt dennoch mit ihrem ganz eigenen Charme und oft auch mit kunsthistorischen Schätzen.

Wer auf den Kirchenwegen im Havelland pilgert, hat die Wahl. Denn die Touren lassen sich als Fußweg genauso planen wie per Rad oder auf dem Wasser. Auch die Gesamtdistanz hängt von Zeit und Kondition der Pilger ab. Eilige wählen den direkten Weg von Dom zu Dom, während andere lieber noch bei einem Abstecher die Highlights erkunden. Dabei führt die längste Route über 128 Kilometer über den Havel-Elbe-Wanderweg, die kürzeste umrundet dagegen in gerade einmal 23 Kilometern den Hohennauener-Ferchesarer See.

Der Ausgangspunkt in Brandenburg (Havel) ist gut an das Regionalverkehrsnetz der Bahn angebunden.

// Stilecht

Es lohnt sich, im Havelberger Dom eine »Sagenhafte Domführung« zu buchen. In einem historischen Kostüm führt Simone Dülfer durch das Gotteshaus. Welche spannenden Legenden sich um das Gebäude ranken, erfahren die Teilnehmer an Originalschauplätzen.

Beelitz Heilstätten

#Lost Place

29 Beelitz-Heilstätten

Die Beelitzer Heilstätten sind fast schon das Synonym für einen Lost Place in der Region Berlin-Brandenburg. Magisch ist nicht nur die Anziehungskraft, sondern auch der Charme der verfallenen Lungenklinik. Trotz bröckelndem Putz, Graffiti, eingeworfenen Fenstern sowie Staub und Spinnweben lässt sich die architektonische Schönheit der Gebäude bis heute erahnen. Inzwischen können sie im Rahmen von verschiedenen Führungen erkundet werden. Auch ausführliche Fototouren werden angeboten. Doch egal, auf welche Tour die Wahl fällt: Ein gewisser Gruselfaktor ist in den Heilstätten immer dabei. Und zur Sicherheit gehört auch der Leih-Helm unbedingt dazu. *Pförtnerhaus Baum & Zeit, Straße nach Fichtenwalde 13, 14547 Beelitz-Heilstätten, baumundzeit.de/fuehrungen/*

// Nebenan

Ganz und gar ungruselig ist der Besuch im benachbarten Barfußpark. Durch Wasser, über Wippen und auf unterschiedlichsten Bodenbeschaffenheiten geht es dort barfuß über verschiedene Wege. Insgesamt warten 68 Stationen darauf, entdeckt zu werden.

Die Alternativen

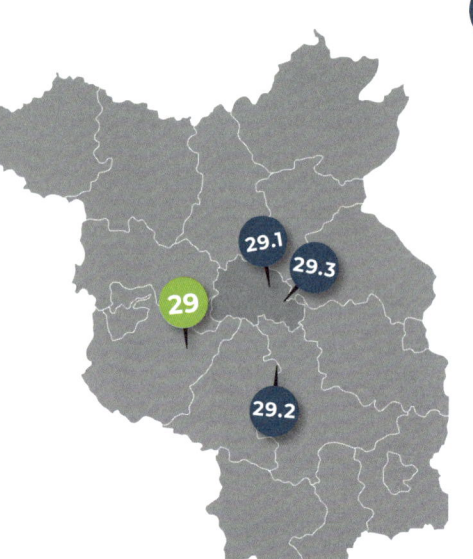

1 Stadtbad Lichtenberg

Die frühere Pracht hat das Stadtbad Lichtenberg schon lange verloren. Dabei war das Hubertusbad, wie es einst hieß, bei der Eröffnung im Jahr 1928 ein wahres Schmuckstück. Immerhin galt es damals als modernstes Badehaus von Berlin. Zwei Schwimmbecken – ein großes für Männer, ein kleineres für Frauen – gehörten zu seiner Ausstattung. Dazu kamen ein Saunabereich, medizinische Bäder, eine Sonnenterrasse und ein Gymnastiksaal. Nach kriegsbedingter Pause wurde der Badebetrieb 1948 wieder aufgenommen und das Bad diente als Schwimmhalle für den Schul- und Vereinssport. Sogar Wettkämpfe fanden hier statt.

Auch in seinem bedauernswerten Zustand ist das Stadtbad Lichtenberg ein spannendes und seltenes Beispiel für expressionistische Architektur in Deutschland. Durch die Plastiken und die

Stadtbad Lichtenberg

kubischen Formen an den Fenstern erhält das Gebäude eine fast kathedralenartige Wirkung, die durch die Farbwahl im Innern wunderbar ergänzt wurde. So ist die ehemalige Männerschwimmhalle mit türkisfarbigen Fliesen ausgekleidet. Im Frauenbereich wurde mit erdfarbenen Fliesen gearbeitet. Interessant ist außerdem die Aufteilung in Galeriegeschosse.

Inzwischen ist vorgesehen, das Schwimmbad künftig als Kunst- und Ausstellungsort zu nutzen. Das Frauenbad wurde dafür bereits mit einem Holzboden versehen. Nach aktuellen Plänen soll aber auch weiterhin ein Hauch von Geschichte durch das Haus wehen.
Hubertusstraße 47, 10365 Berlin

// Wichtig zu wissen

Das Stadtbad Lichtenberg ist nur von außen zu besichtigen. Vor einem Besuch ist es empfehlenswert, Kontakt zum Eigentümer aufzunehmen und entsprechende Absprachen zu treffen. Unbefugtes Betreten des Geländes wird von dessen Seite grundsätzlich geahndet.

Figurenschmuck an der Fassade

2 Militärstadt Wünsdorf

Auch Deutschland hat seine »Verbotene Stadt«. Versteckt in den Wäldern von Wünsdorf-Waldstadt bei Zossen befand sich zu DDR-Zeiten einer der wichtigsten Garnisonstandorte der sowjetischen Armee. Doch bereits zuvor wurde das Städtchen in Brandenburg zur Militär- und Bunkerstadt. Schon 1910 entstanden auf dem Gelände erste Kasernen, Übungsplätze und eine Turnschule. Später wurde es dann zum Oberkommando des Deutschen Reichs ausgebaut. Als sowjetischer Militärstandort wurde es schließlich vollständig von seiner Umgebung abgeschottet und erhielt eigene Schulen und Läden.

Längst verfallen sind inzwischen jedoch die Gebäude, in denen Militärgeschichte geschrieben wurde. Bis heute haben sie sich aber vor allem den Charme aus der Zeit sowjetischer Nutzung erhalten. Kyrillische Schriftzeichen an den Wänden und zurückgelassene Utensilien weisen noch auf die letzten Bewohner hin. Abblätternde Farbe sorgt für das gewisse morbide Flair. Im Rahmen einer geführten Tour lässt sich das weitläufige Areal gut erkunden. Vor allem Fotografiefans kommen dabei auf ihre Kosten.

Mit der Bahn ist Wünsdorf gut erreichbar. Von Berlin fahren die Linien RE5 und RE7 zum Bahnhof des Städtchens.

// In der Nähe

Fast vollständig erhalten geblieben ist der ehemalige Flugplatz Rangsdorf. Wo in der Vergangenheit berühmte Hobbypiloten und Luftfahrtpioniere Dauergast waren, ist heute eine Tour durch die verfallenen Gebäude und über das Gelände sehr zu empfehlen.

Wünsdorf

3 Gefängnis Köpenick

Bedrückend düster und eng wirken die Zellen im 1901 erbauten Gefängnis des ehemaligen Amtsgerichts Köpenick. Dicke Holztüren und kräftige Schlösser verstärken diesen Eindruck. Noch immer ist zu erkennen, wo einfache Eimer als Toilette dienten. Erhalten sind außerdem die Emaille-Waschbecken. Die historischen Details zusammen mit der abblätternden Farbe und rostigen Gittern verleihen dem unter Denkmalschutz stehenden Gebäude einen morbiden Charme. Die grausamen Kapitel seiner Geschichte sollten darüber allerdings nicht vergessen werden. Immerhin nutzte die SA den Bau ab 1933 als Folterstätte. Während der Köpenicker Blutwoche wurden hier zahlreiche Menschen brutal misshandelt und ermordet.

Die Gefängniszellen verteilen sich um einen Mittelbau mit Glasdach. In vielen Arrestzellen sind bis heute die klapprigen Holzpritschen erhalten. Allerlei Kritzeleien an den Wänden lassen die Gedanken der Gefangenen lebendig werden, was einen fast merkwürdigen Gegensatz zu den massiven Teilen des Gebäudes bildet.

Gefängnis Köpenick, Puchanstraße 12, 12555 Berlin

// Seltener Einblick

Sehenswert und nicht in der regulären Führung in Hohenschönhausen enthalten ist der Besuch im Haftkrankenhaus. Im Rahmen einer besonderen Tour sind OP- und Behandlungsräume zu besichtigen. Die Lichtsituation garantiert außergewöhnliche Fotos.

Bootsvergnügen auf der Märkischen Umfahrt

#Paddel-freuden

30 Märkische Umfahrt

Knapp 180 Kilometer windet sich der Kanu-Rundkurs durch die Landschaft im Südosten Brandenburgs. Angelegt ist die landschaftlich interessante Tour auf elf Etappen. Dabei geht es über die Flüsse Dahme und Spree, durch zahlreiche Verbindungskanäle und über Seen wie den Dämeritzsee, den Seddinsee und den Neuendorfer See. Abwechslungsreich gestaltet sich der Blick auf das Ufer, wenn zwischen dichten Wäldern schließlich weite Wiesen und hübsche Dörfer auftauchen. Auf gemütliches Paddeln über ruhige Streckenabschnitte folgt immer mal wieder der Trubel auf Seen mit Personenschifffahrt. Auch ein paar Schleusenabenteuer warten auf die Kanuten. *Wer in Beeskow einsteigt, fährt von Berlin über Königs Wusterhausen mit dem RB36.*

// Zu Wasser und zu Land

Bei der märkischen Umfahrt lohnt es sich, zwischendurch immer mal wieder einen Landgang einzulegen. Neben der historischen Altstadt von Beeskow sind auch die dortige Burg sowie die Schlösser in Fürstenwalde und Königs Wusterhausen sehenswert.

Die Alternativen

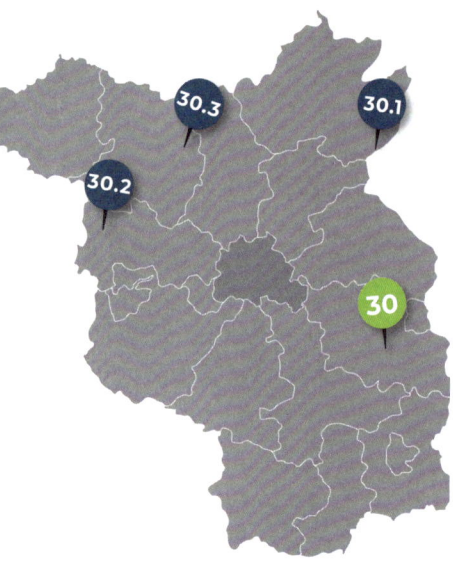

bei gemächlichem Paddelschlag langsam durch das Wasser schieben, nähern sich Biber und begleiten die Wasserwanderung für eine Weile. Mit Glück sind auch Haubentaucher und verschiedene Schwalbenarten zu sehen. Auch auf seltene Pflanzenarten weist der Guide immer wieder hin.

Mehr Kontakt zur dörflichen Umgebung verspricht die dritte der angebotenen Kanutouren. Oberhalb von Stolpe ist dabei der erhaltene Turm einer alten Wehranlage zu sehen. Ein kurzer Stopp ist hier zu empfehlen, denn der Aufstieg wird mit einem herrlichen Panoramablick belohnt. *Start und Ziel einer schönen Tour ist Schwedt. Das Wassersportzentrum dort ist fußläufig vom Bahnhof erreichbar.*

// Einen Blick wert

Vor oder nach der Kanutour sollte ein kurzer Rundgang durch Schwedt nicht fehlen. Auch wenn die Industriestadt sich heute eher modern zeigt, sind ein paar sehenswerte Denkmale erhalten. Dazu zählen die Stadtkirche und der Berlischky-Pavillon.

1 Im Nationalpark Unteres Odertal

Eine Kanutour im Nationalpark Unteres Odertal entführt Kanuten in ein ganz besonderes Gebiet. Denn das Untere Odertal ist der einzige Auennationalpark in Deutschland und außerdem als erstes Großschutzgebiet grenzüberschreitend mit Polen angelegt. Zwischen dem 15. Juli und dem 14. November jeden Jahres sind im Nationalpark auf ausgewählten Gewässern Kanufahrten erlaubt. In Begleitung ausgebildeten Kanuführer geht es dann auf drei verschiedenen Touren in die ursprüngliche Wildnis der Region.

Durch ein wahres Wasserlabyrinth führen die Fahrten durch die Polderlandschaften auf den Altwässern der Oder. Während sich die Kanus

Landschaft an der Oder

Verbindungskanal

Steg am Ufer

2 Auf dem Hohennauener-Ferchesarer See

Der Hohennauener-Ferchesarer See gehört zur Flusslandschaft Untere Havelniederung. Scherzhaft könnte man feststellen: Mit seiner Länge von zehn Kilometern ist er fast so lang wie sein Name. Hübsche Dörfer an seinem Ufer sorgen immer wieder für neue Eindrücke auf der Kanutour. Mit seinem kuriosen Namen sticht dabei vor allem der Ort Wassersuppe heraus, wo auch die Wasserwanderung beginnt und endet. Ein Bad zur Abkühlung an der See-Badestelle bildet hier einen gelungenen Abschluss.

Beliebig erweitern lässt sich die neun Kilometer lange Tour durch Abstecher in einen der vielen Wasserarme, die zu weiteren interessanten Havelseen führen. Wer den Tag lieber gemütlich verbringen mag, nutzt auf dem Hohennauener-

Ferchesarer See die zahlreichen Anlegestellen. Erholung verspricht eine Rast mit Blick über die herrliche Flusslandschaft. Auch Restaurants und Cafés bieten sich zur Einkehr an. In Semlin lohnt der Blick in die Alte Fachwerkkirche. Ebenso sehenswert ist die Kirche in Hohennauen mit ihren Patronatslogen.

Start und Ziel ist in Wassersuppe. Erreichbar ist das Örtchen über Rathenow, von wo der Bus 684 fährt.

// Durchblick

In Rathenow hat die optische Industrie in Deutschland ihren Ursprung. Spannende Einblicke bietet das kleine Optik Industrie Museum. Neben Brillen gibt es dort Mikroskope und Kameras zu sehen. Besonders eindrucksvoll sind die Mitmachstationen.

3 Auf der Rheinsberger Seenkette

Abwechslungsreich und auch für Einsteiger geeignet ist eine Kanutour auf der Rheinsberger Seenkette. Start der Fahrt ist beim Bootsverleih auf dem Gelände des Schlossparks in Rheinsberg. Unterwegs warten dann zahlreiche landschaftliche und kulturelle Highlights darauf, entdeckt zu werden.

Erste Sehenswürdigkeiten zeigen sich gleich nach dem Start am Grienericksee. Neben Schloss Rheinsberg und den Skulpturen im Schlosspark sind von hier der Obelisk auf der gegenüberliegenden Seite und das Forsthaus Boberow gut zu sehen. Idyllisch wird es danach auf dem vom Wald umrahmten Rheinsberger See. Eine Mittelinsel lädt hier zum Anlegen ein, bevor die Tour weiter Richtung Schlabornsee geht. Dort bietet sich eine kurze Pause an, um

die interessante Ausstellung über den Polarforscher Alfred Wegener anzuschauen. Weiterhin erreicht man über den Tietzowsee, den Großen Zechliner See und den Schwarzen See schließlich Zechlin. Wer Lust auf ein Bad verspürt, findet unterwegs einige Badestellen. Am Ziel lohnt dann noch der Besuch der Eduard-Gärtner-Ausstellung und ein Blick auf eine 200 Jahre alte Eiche.

Mit der Bahn ist Rheinsberg gut erreichbar.

// Spannend

In Rheinsberg steht das älteste kommerziell von der ehemaligen DDR genutzte Kernkraftwerk. Längst ist es außer Betrieb und wird zurückgebaut. Bei einer Führung sind die Anlagen einschließlich der Schaltzentrale zu besichtigen.

...e der Rheinsberger Seenkette

31 Biosphärenreservat Spreewald

Südlich von Berlin bietet der Spreewald eine zwar längst vom Menschen beeinflusste, aber immer noch stark naturnahe Auenlandschaft. Geprägt ist sie von den zahlreichen Fließen, die sich zwischen den dichten Wäldern hindurchschlängeln. Wo früher ausschließlich Urwald war, sind inzwischen aber außerdem Wiesen und Äcker zu finden. Dennoch hat sich hier ein Lebensraum für zahlreiche Tiere und Pflanzen erhalten, die in anderen Regionen längst ausgestorben sind. Einen tiefen Einblick in das Biosphärenreservat bieten geführte Ausflüge mit einem Ranger. Ein wahres Highlight direkt am wichtigsten Element des Spreewalds, dem Wasser, ist vor allem die Kanutour. *www.spreewald-biosphaerenreservat.de*

// Mein Tipp

Ein intensives Naturerlebnis im Spreewald bieten Touren mit einem Ranger. Diese werden zu verschiedenen Themen und an unterschiedlichen Ausgangspunkten angeboten. Allen gemeinsam sind aber die ausführlichen Erläuterungen und der intensive Einblick.

Biosphärenreservat Spreewald

Die Alternativen

1   Naturpark Schlaubetal

Abwechslungsreich ist die Landschaft entlang der Schlaube. Durch Wälder geht es vorbei an zahlreichen Seen und Feuchtwiesen. Auch einige Schluchten haben sich in diesem urwüchsigen Tal gebildet. Bei Wanderungen durch das Schlaubetal lohnt es sich, den Blick schweifen zu lassen. Mit Glück sind der Eisvogel oder der Specht zu beobachten. Außerdem sind mehr als 1000 Pflanzenarten hier heimisch. Auch prächtige Orchideen gehören dazu. Farbenfroh präsentiert sich ein Teil des Naturparks erstmals im Mai, wenn der Ginster gelb leuchtet. Im August und September dominiert dann zur Heideblüte die Farbe Lila.

Seit dem Mittelalter hatten sich entlang der Schlaube einige Mühlen angesiedelt. Genutzt wurden sie überwiegend zum Mahlen von Getreide oder als Schneidemühlen. Anzahl und Nutzung haben sich über die Jahrhunderte jedoch immer wieder verändert. Heute noch

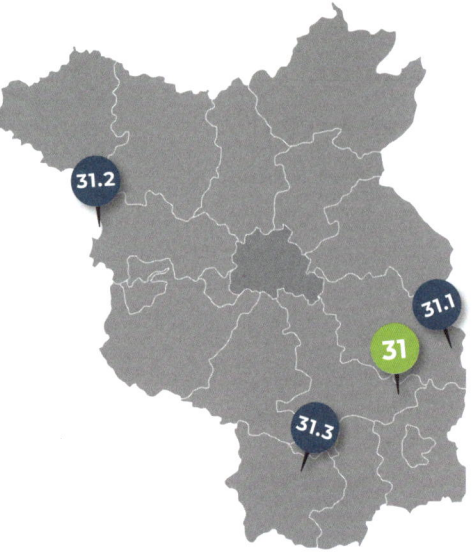

Im Naturpark Schlaubetal

sind ein paar von ihnen zu entdecken. Die Einzige, die weiterhin in Betrieb ist, ist die Müllroser Mühle. Andere wurden zu Gaststätten umfunktioniert.
www.schlaubetal-naturpark.de

// Besondere Adressen

Im Schlaubetal ist alte Handwerkskunst zu Hause. Einen Besuch lohnt die Korbmacherei von Werner Lange. Auch Hochprozentiges gibt es in der Region. Edelbrände verkauft Benno Geller in Rießen. Wer lieber Fisch mag, fährt zur Räucherei von Karl-Heinz Weidner in Dammendorf.

Sternbeobachtung im Westhavelland

2 Naturpark Westhavelland (Sternenpark)

Weite Landschaft, ausgedehnte Wälder und nur wenige Dörfer – so lässt sich der Naturpark Westhavelland perfekt beschreiben. Genau damit bietet das 1380 Quadratkilometer große Gebiet die besten Voraussetzungen für absolute Dunkelheit in der Nacht. Im Februar 2014 brachten diese Eigenschaften der Region in Brandenburg, die sich bis in die Gemeinde Schollene in Sachsen-Anhalt erstreckt, die Ernennung zu Deutschlands erstem Sternenpark. Frei von der sogenannten Lichtverschmutzung, können Sternenfans und Hobbyastronomen dort vor allem im nördlichen Teil den uneingeschränkten Blick auf die funkelnden Gestirne am schwarzen Nachthimmel genießen.

Ziel des Sternenparks ist es, den dunklen Sternenhimmel als Kulturgut zu erhalten. Geschützt werden sollen dadurch nicht nur nachtaktive Tiere. Auch beim Menschen wirkt sich die geringe nächtliche Lichtbelastung positiv auf Schlaf und Gesundheit im Allgemeinen aus. Zugänglich ist der Sternenpark beinahe in seiner gesamten Fläche. Astronomisch Interessierte und Romantiker haben freie Wahl bei der Suche nach ihrem Lieblingsplatz. Für diejenigen, die auf der Suche nach Geheimtipps sind oder mehr Hintergrundwissen wünschen, sind die angebotenen Veranstaltungen und Führungen zu empfehlen.

Naturpark Westhavelland, Pareyer Dorfstraße, 14715 Havelaue, www.sternenpark-westhavelland.de

// Tagsüber

Viel zu schade wäre es, den Naturpark Westhavelland nur bei Nacht zu besuchen. Auch bei Tag gibt es interessante Naturerlebnisse. Besonders zu Zeiten des Vogelzugs machen viele Arten hier Station und lassen sich beobachten.

3   Naturpark Niederlausitzer Heidelandschaft

Weite Heide- und Moorlandschaften sowie Streuobstwiesen dominieren die Landschaft in der Niederlausitz im südlichen Brandenburg. In einem Bereich, wo zu DDR-Zeiten militärisches Sperrgebiet war und schweres Gerät den sandigen Boden durchpflügte, hat die Calluna-Heide ihren idealen Lebensraum gefunden. Farbenprächtig in kräftigem Violett präsentiert sie sich vor allem zur Blütezeit ab August. Bereits im Frühjahr zur Baumblüte zeigen sich dagegen die Obstbäume zwischen Döllingen und Hohenleipisch als wahre Hingucker.

Am besten entdeckt man die Niederlausitzer Heidelandschaft auf ausgedehnten Wanderungen und Radtouren. Von den Heideflächen vorbei an den Streuobstwiesen bis hin zu den Moorflächen führt ein Rundkurs über 70 Kilometer durch den Naturpark. Auch kürzere Touren sind möglich. So führt die Heidetour über 38 Kilometer ab Plessa durch die herrliche Natur. Über sieben Kilometer geht die Wanderung durch das Moorgebiet Loben. Allen gemeinsam ist neben schönen Naturerlebnissen oft auch die eine oder andere Tierbeobachtung: Zahlrei-

che Vogelarten sind im Gebiet heimisch, während Heidschnucken die Pflege der Heidelandschaft übernommen haben.

Schlossplatz 1, 03253 Doberlug-Kirchhain,
www.niederlausitzer-heideland-naturpark.de

// Um die Ecke

Ein spannendes Industriedenkmal aus der Zeit,
als die Kohle noch die Geschicke der Region
bestimmte, ist die alte Brikettfabrik Louise in
Domsdorf. Außergewöhnliche Erlebnisse bieten
die Besichtigungen zur Dampfzeit oder mit Berg-
mannvesper.

Blick in die Haupthalle von Tropical Islands

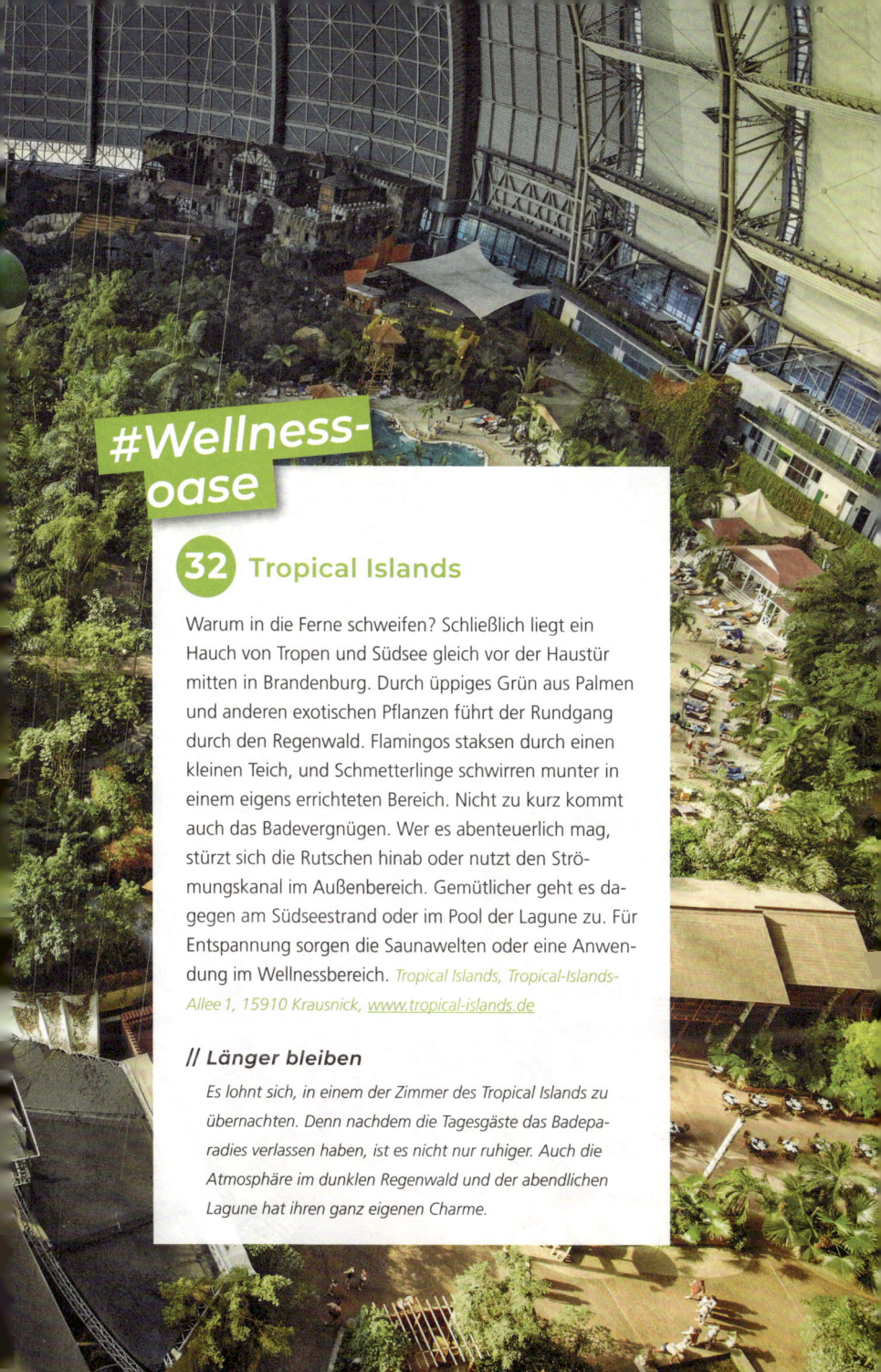

32 Tropical Islands

Warum in die Ferne schweifen? Schließlich liegt ein Hauch von Tropen und Südsee gleich vor der Haustür mitten in Brandenburg. Durch üppiges Grün aus Palmen und anderen exotischen Pflanzen führt der Rundgang durch den Regenwald. Flamingos staksen durch einen kleinen Teich, und Schmetterlinge schwirren munter in einem eigens errichteten Bereich. Nicht zu kurz kommt auch das Badevergnügen. Wer es abenteuerlich mag, stürzt sich die Rutschen hinab oder nutzt den Strömungskanal im Außenbereich. Gemütlicher geht es dagegen am Südseestrand oder im Pool der Lagune zu. Für Entspannung sorgen die Saunawelten oder eine Anwendung im Wellnessbereich. *Tropical Islands, Tropical-Islands-Allee 1, 15910 Krausnick, www.tropical-islands.de*

// Länger bleiben

Es lohnt sich, in einem der Zimmer des Tropical Islands zu übernachten. Denn nachdem die Tagesgäste das Badeparadies verlassen haben, ist es nicht nur ruhiger. Auch die Atmosphäre im dunklen Regenwald und der abendlichen Lagune hat ihren ganz eigenen Charme.

Die Alternativen

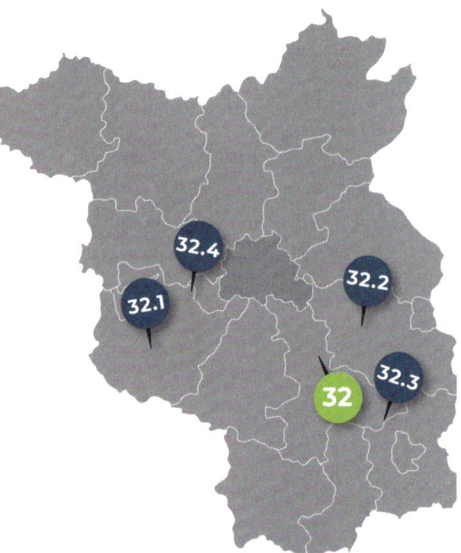

32.4

32.1

32.2

32

32.3

Saunagarten der SteinTherme

1 SteinTherme Bad Belzig

Jodhaltige Thermalsole ist das Besondere, mit dem die SteinTherme in Bad Belzig aufwarten kann. Fast so hoch wie im Toten Meer ist der Salzgehalt der Sole, die mit einer Temperatur von 30 Grad an die Oberfläche sprudelt. Für die Therme wird sie jedoch verdünnt und entfaltet dann ihre positive Auswirkung auf die Gesundheit. Vor allem Herz, Kreislauf, Bewegungsapparat und Atemwege profitieren davon.

Doch nicht nur zu Vorbeugung und Heilung lohnt der Besuch der SteinTherme. Auch wer Entspannung sucht, kommt hier auf seine Kosten. Ein besonderes Erlebnis verspricht dabei der LichtKlangRaum, der mit seinem Farbspiel begeistert. Begleitet von angenehmen Klängen, schweben die Badegäste hier wie schwerelos durch das Wasser. Da fällt es leicht, ins Träumen zu geraten und den Alltag hinter sich zu lassen. *SteinTherme Bad Belzig, Am Kurpark 15, 14806 Bad Belzig, www.steintherme.de*

// Stadtbummel

Es empfiehlt sich, den Besuch der SteinTherme mit einem Rundgang durch Bad Belzig zu verbinden. Der historische Stadtkern hält allerlei Sehenswertes bereit. Neben der Burg Eisenhardt zählen das Rathaus und die Stadtkirche St. Marien zu den Highlights.

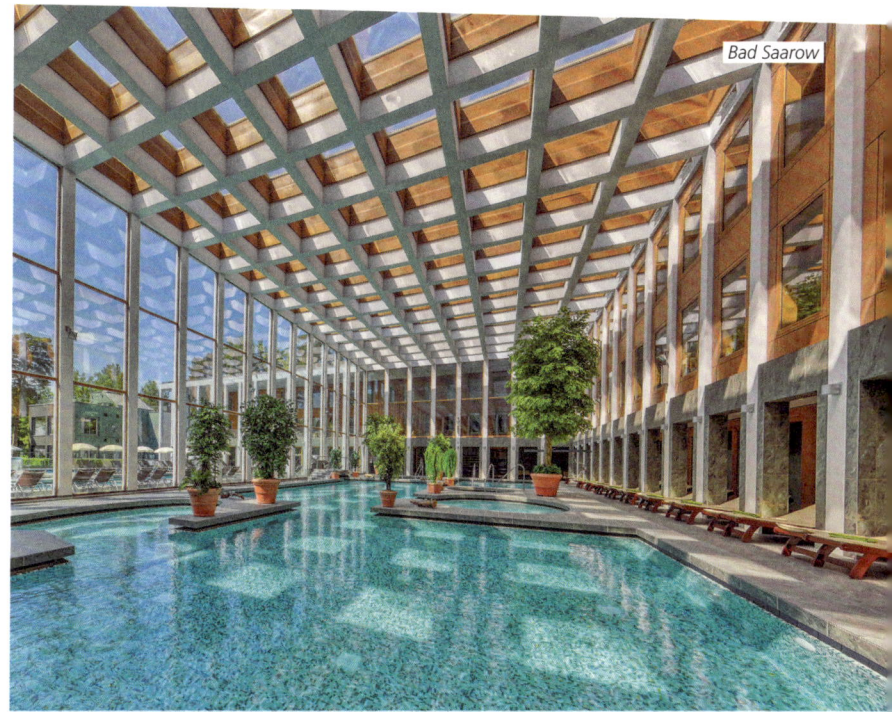
Bad Saarow

② Therme Bad Saarow

Zwei Heilmittel stehen für die SaarowTherme. Neben Thermalsole aus der Catharinen-Quelle liefern die benachbarten Moorwiesen die wichtigste Zutat für Moorbehandlungen. Heilsam und wohltuend sind diese vor allem für den Bewegungsapparat, die Atemwege und das Nervensystem. Doch auch als Wellness-Anwendung sorgt ein Moorbad für Entspannung. Dabei ist es gut zu wissen, dass der Torfabbau in Bad Saarow nachhaltig erfolgt. Nach dem Abbaden wird das Moor zum Regenerieren in die Natur zurückgegeben.

Ein wahres Highlight in der SaarowTherme ist die Saunawelt. Wunderbar lässt sich in der Panoramasauna bei einem Blick auf den Kurpark und den Scharmützelsee entspannen.

Mitunter liegt hier sogar ein Hauch von Backstube in der Luft. Verantwortlich dafür ist die 75 Grad warme Brotbacksauna, in der die Mitarbeiterinnen und Mitarbeiter der Therme süße und herzhafte Leckereien zaubern. Allzu verlockend ist da die Verkostung im Anschluss an den Saunagang.

Am Kurpark 1, 15526 Bad Saarow,
www.therme.bad-saarow.de

// Um die Ecke

In der Nähe der Therme befindet sich die kleine KaffeeRösterei Bad Saarow. Sehr aromatisch sind die Röstungen des Hauses. Direkt probieren lassen sie sich im Café zu einem leckeren Stück Kuchen. Einmal im Monat findet eine Verkostung statt.

3 Spreewald Therme in Burg

Modern und gemütlich präsentiert sich die Spreewald Therme in Burg. Direkt auf dem Gelände sprudelt hier aus großer Tiefe das reichhaltige Sole-Thermalwasser und wird für den Einsatz in den Becken aufbereitet. Den höchsten Salzgehalt bietet dabei das Intensiv-solebecken, wo die Badegäste entspannt im Wasser schweben. Mit Massageeffekten in Form von Sprudelliegen, Nackenduschen oder Massagedüsen können dagegen die anderen Becken aufwarten.

Nicht nur im Winter lohnt sich der Gang in den Saunagarten. Mit sieben Saunen stehen die Gäste hier vor der Qual der Wahl. Ein besonderes Ambiente bietet die Feuersauna, in der prasselndes Kaminfeuer die Entspannung verstärkt. Kräuter aus der Region lassen einen wohltuenden Duft durch die Kräutersauna ziehen. Für wechselnde Aromen sorgen dagegen die Aufgüsse in der rustikalen Spreewaldsauna. Alle drei Saunen kommen auf Temperaturen von 90 Grad. Weniger heiß wird es im Sanarium, im Dampfbad und im Caldarium. *Ringchaussee 152, 03096 Burg (Spreewald), www.spreewald-therme.de*

// Überblick zuerst

Von der Spreewald Therme ist es nicht weit zum Wahrzeichen von Burg. Der Bismarckturm ist einer von acht noch erhaltenen seiner Art in Brandenburg. Aus 27 Metern Höhe bietet er einen schönen Ausblick auf den Spreewald.

Spreewald Therme

4 Havel-Therme in Werder

Mediterran geht es in der am Großen Zernsee gelegenen Havel-Therme zu. Schon ihr maurisch-andalusischer Stil entführt die Gäste in südliche Gefilde. Auch ein Platz an der im Pool integrierten Bar erinnert stark an Urlaub im Mittelmeerraum. Für Entspannung sorgt schließlich das körperwarme Wasser in allen Innen- und Außenbecken. Mehr als ein Hauch von Orient zeigt sich außerdem in der Saunawelt. Mit der Alhambra-Eventsauna hat sie ein echtes Highlight zu bieten. Bei 80 Grad geht es hier nicht nur ums Schwitzen. Zusätzlich sorgen der Panorama-Seeblick und die Showtechnik für ganz besondere Erlebnisse.

Neben Entspannung ist in der Havel-Therme auch Action angesagt. Zusätzlich zum Thermenbereich hat sie ein Familien- und Sportbad zu bieten. Auf den beiden Rutschen, dem Wildwasserfluss oder dem Sprungturm ist Spaß garantiert. Ambitionierte Schwimmerinnen und Schwimmer können im 25-Meter-Becken ihre Bahnen ziehen.

Zum Großen Zernsee 15, 14542 Werder (Havel),
www.havel-therme.de

// Empfehlenswert

Beim Besuch in der Havel-Therme darf auch ein Rundgang durch das Städtchen Werder nicht fehlen. Die Altstadt mit ihren Fischerhäusern, der Bockwindmühle und dem Rathaus zählt zu den schönen historischen Stadtkernen im Land Brandenburg.

Lübbenau

#Spreewald-kahn

33 Lübbenau

»Tor zum Spreewald«, »Hauptstadt des Spreewalds«
oder auch »Stadt der Gurken« wird Lübbenau gerne
genannt. Trotzdem lassen viele Besucher die Sehenswürdigkeiten des kleinen Städtchens im Oberspreewald links
liegen. Stattdessen starten sie zu einer Kahnfahrt auf
den Fließen der Region. Der Klassiker unter den Ausflugsfahrten führt vom Großen Spreewaldhafen ins Frei-
lichtmuseum Lehde. Gut unterhalten und informiert von
den manchmal in Tracht gekleideten Fährleuten, erfahren die Gäste unterwegs einiges über die Natur und das
Leben im Spreewald. Auch ein kurzer Stopp am Gurken-
verkaufsstand gehört bei der gut zweistündigen Kahnfahrt fast immer dazu. *Spreewald-Touristinformation Lübbe-*
nau, Ehm-Welk-Str. 15, 03222 Lübbenau, www.
luebbenau-spreewald.com

// Weihnachtszauber

Stimmungsvoll präsentieren sich Lübbenau und Lehde an
den ersten beiden Adventswochenenden zur Spree-
wald-Weihnacht. Mystisch wird es, wenn die Lutken auf
dem Kahn Spreewaldsagen erzählen und Besucher auf
dem Weihnachtsmarkt dem Bscherkind begegnen.

Die Alternativen

1 Lübben

Bei einem Aufenthalt im Spreewald ist Entspannung fast garantiert. Mit der Auszeichnung als »Staatlich anerkannter Erholungsort« kann die Kreisstadt Lübben dies sogar schriftlich belegen. Zu sehen gibt es dort aber nicht nur herrliche Landschaft. Auch die Schlossinsel mit ihrem Klanggarten, einem Labyrinth und natürlich dem Renaissanceschloss lohnt einen Besuch.

Nicht fehlen darf auch in Lübben die traditionelle Fahrt mit dem Spreewaldkahn. Dabei führt die knapp zweistündige kurze Tour einmal rund um die Stadt. Hier lernen die Gäste das Städtchen aber nicht nur aus der Wasserperspektive kennen. Auf sie wartet auch eine Besonderheit. Denn bei dieser Kahnfahrt geht es durch drei verschiedene, bis heute handbetriebene Schleusen. Mit einem traditionellen Schleusenspruch auf den Lippen stehen die Schleusenleute hier hilfreich zur Seite. Ihr Lohn: der Schleusengroschen – ein kleiner Obolus, den die Gäste bei der Ausfahrt in ein bereitgestelltes Gefäß werfen.

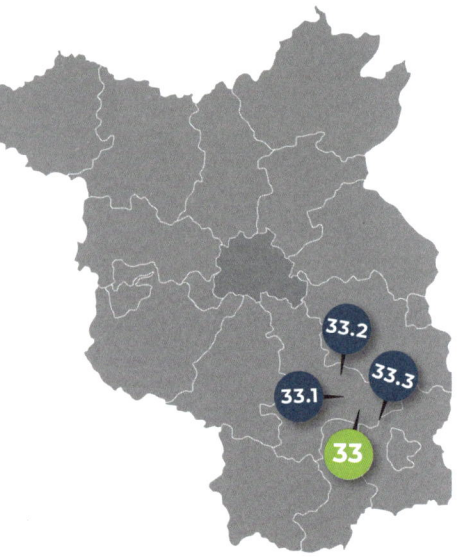

Brücke bei der Schlossinsel

Ein lohnender Abstecher nach der Kahnfahrt führt zum Wendischen Bauernhof im Stadtteil Steinkirchen. An festen Terminen packt die Spreewald-Christl dort Akkordeon und Spinnrad aus. So nimmt sie ihre Gäste bei typisch regionalen Spezialitäten mit auf eine Reise in die wendische Kultur.

Tourismus Lübben, Ernst-von-Houwald-Damm 15, 15907 Lübben (Spreewald),

www.luebben.de/tourismus/de/

// Gut übernachten

Zentral auf der Schlossinsel gelegen, ist das Hotel Strandhaus in Lübben ein idealer Ort für die Auszeit im Spreewald. Das überall verbaute Holz verleiht dem Haus ein äußerst gemütliches Ambiente. Auch das Thema Nachhaltigkeit genießt hohe Priorität.

Bei Lübben

2 Schlepzig

Das idyllische Spreewaldörtchen Schlepzig ist eines der ältesten Dörfer in Brandenburg. Es gilt als Zentrum des Unterspreewalds. Was vor allem auffällt, ist die weitgehend unberührte Wald- und Wasserlandschaft. Bis zu den ersten Häusern reichen hier die dichten Erlenwälder. Wer vom Hafen zu einer Kahnfahrt aufbricht, landet bald schon mitten im dichten Grün. Gut zwei Stunden führt die klassische Tour vorbei an altem Baumbestand, Schilf und vielen Pflanzen. Dabei tauchen neben Enten auch immer wieder Nutrias als schwimmende Begleiter an der Seite des Kahns auf.

Zu hören sind auf der Fahrt oft nur die Geräusche aus der Natur und das gleichmäßige Eintauchen der Stange, mit der die Fährleute ihren Kahn gemächlich vorantreiben. Lediglich deren Erklärungen zur Landschaft unterbrechen manchmal die Stille. Viel zu schnell vergeht auf diese Weise die Zeit. Doch auch an diejenigen, die von dieser Idylle nicht genug bekommen können, wurde in Schlepzig gedacht. Für sie geht es bei einer gut vierstündigen Kahnfahrt bis in den inneren Unterspreewald.

Touristinformation Schlepzig, Dorfstraße 26, 15910 Schlepzig, www.schlepzig.de

// *Für Whiskey-Liebhaber*

In Schlepzig befindet sich die erste Roggen-Whiskey-Destillerie Deutschlands. Stork Club brennt seine guten Tropfen nach handwerklicher Methode und mit Roggen aus der Region. Kompetente Beratung, Verkostung und Spezialabfüllungen gibt es vor Ort im Shop.

Schlepzig

Kaminkahn

3 Burg

Eine Besonderheit hat die Gemeinde Burg im Spreewald zu bieten. Denn mit ihrer Ausdehnung über 35 Quadratkilometer ist sie Deutschlands größte Streusiedlung. Als geschlossenes Dorf lässt sich nur der Ortsteil Burg-Dorf erkunden. In den übrigen Ortsteilen liegen die Häuser und Höfe über größere Strecken verstreut. Wer mehr von Burg entdecken will, setzt daher am besten auf eine traditionelle Kahnfahrt. Außerdem dem Fährhafen im Zentrum von Burg bieten sich zahlreiche weitere Startpunkte für individuelle Fahrten an.

Neben den klassischen Kahnfahrten versprechen Themenfahrten in Burg ein interessantes Erlebnis. Große Bedeutung haben dabei vor allem die berühmten Sagen des Spreewalds. Überliefert werden sie seit Jahrhunderten von den in der Region heimischen Sorben und Wenden. Doch wer denkt, dass Kahnfahrten ein reines Sommervergnügen sind, der irrt. Ganz besonders zu empfehlen sind im Spätherbst und Winter die Glühwein- und Kaminfahrten in Burg. Während die Gäste sich in warme Decken einmummeln und an einem Heißgetränk wärmen, gleitet der Kahn leise in die frühe Dämmerung. Erleuchtet vom warmen Schein des Feuers an Bord, zeigt sich der dunkle Wald von seiner unheimlichen Seite.

Touristinformation Burg, Am Hafen 6, 03096 Burg (Spreewald), www.burgimspreewald.de

// Unbedingt machen

Es lohnt sich, den Spreewald aus anderer Perspektive zu entdecken. Mit viel Spaß geht das beim Stand-up-Paddling. Ausrüstung für Anfänger und Fortgeschrittene verleiht Martin Fix (www.sup-spree.de). Den Routenplan und gute Tipps gibt es gratis dazu.

WIR MACHEN EINEN AUSFLUG!

IN BERLIN-BRANDENBURG

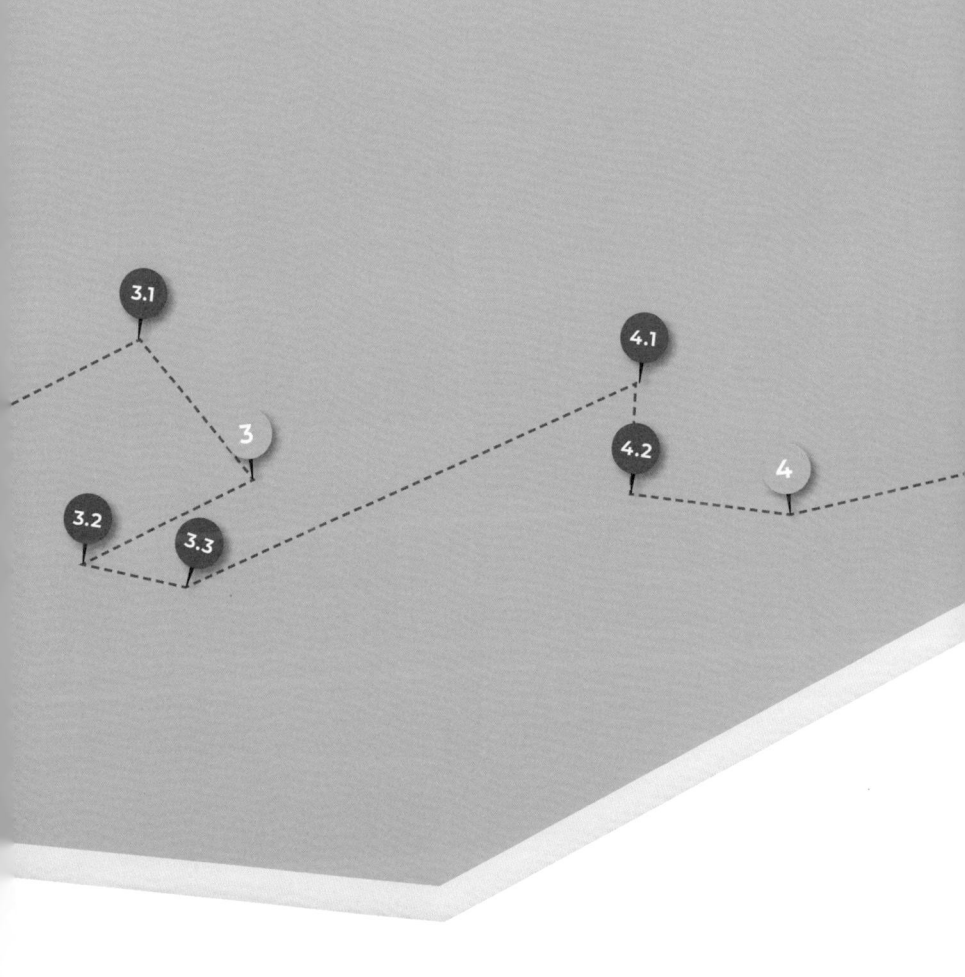

WIR MACHEN EINEN AUSFLUG!

Was tun, wenn nach der Besichtigung des Märchen-schlosses noch viel Zeit ist? Ein Blick auf die Karte offen-bart: Da ist ja noch einiges in der Nähe! Ein herrlicher Aussichtspunkt zum Beispiel oder ein Mini-Wanderweg.

IN MITTE

#Urbaner Platz

#Aussichtspunkt

#Kunstgenuss

#Ganz umsonst

// *Ein Tag in Berlins Mitte:*

Mit seiner zentralen Lage bietet sich der Gendarmenmarkt **16** als Ausgangspunkt für eine Entdeckungstour an. Von dort geht es Richtung Potsdamer Platz, um vom Panoramapunkt **15.1** Berlin von oben zu betrachten. Danach wartet donnerstags die Musik beim Lunchkonzert **12.1** oder nach einem kurzen Weg zurück die Kunst im Schinkel Pavillon **11.3** .

IM NORDEN

#Badesee
#Stadt mit Geschichte
#Schlossromantik

// Ein Tag im Norden:

Ein Bad im Stechlinsee **2** lässt sich wunderbar mit einem Besuch von Rheinsberg **25.1** kombinieren. Nach dem ausgiebigen Bummel durch das Städtchen darf ein Besuch im Schloss Rheinsberg **26.1** nicht fehlen. Und wer gerne auf dem Wasser unterwegs ist, nutzt schließlich die Gelegenheit zum Paddeln auf der Rheinsberger Seenkette.

IM SÜDEN

#Wellnessoase

#Spreewaldkahn

#Industriekultur

#Radeln am Wasser

// Ein Wochenende im Süden

Vom Tropical Islands **32** ist es nicht weit zum Spreewalddorf Schlepzig. Nach einer Übernachtung im Badeparadies bietet die Kahnfahrt **33** dort die perfekte Abwechslung. Nach anschließendem Bummel durch den Ort – eventuell mit Verkostung in der Destillerie – geht es auf den Gurkenradweg **1.2** oder zur Besichtigung ins Hüttenwerk Peitz **5.1**.

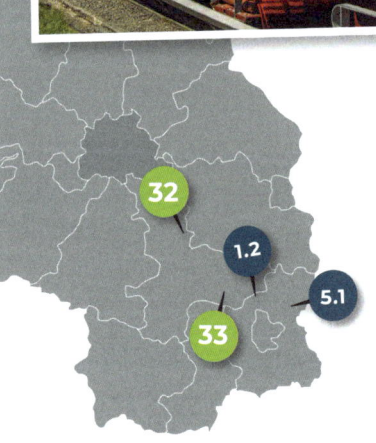

IM WESTEN

#Radeln am Wasser

#Stadt mit Geschichte

#Natur pur

#Paddelfreuden

// Ein Tag im Westen:

Wer auf dem Havelradweg **1** unterwegs ist, sollte sich ein wenig Zeit für den Besuch von Brandenburg an der Havel **25.3** nehmen. Eine schöne Abwechslung zum Radeln bietet auch eine Paddeltour nach einem Abstecher zum Hohennauener-Ferchesarer See **30.3**. Ein besonderes Erlebnis im Havelland ist der nächtliche Besuch des Sternenparks **31.2**.

REGISTER

Stadtsilhouette mit Fernsehturm

BILDNACHWEIS

Titelbilder:

// Oben: Kolonnaden am Ehrenhof von Sanssouci, Potsdam; Foto: laif / Rigaud
// Unten: Schloss Rheinsberg, Ansicht vom Grienericksee; Foto: laif / Westrich

Innenteil:

// Angelina Ströse: S. 28; Berliner Unterwelten e.V: S. 48/49 (Holger Happel); BVG: S. 52/53 (Jürgen Heinrich); c_vB Foto Angela Kroell: S. 111; CeeCeeCreative: S. 75; Claudius Pflug-Tempelhof Projekt GmbH: S. 50; Dumont Bildarchiv, Ostfildern: S. 137; 6, 180/181, 8/9, 162/163, 24/25, 34, 40, 158/159, 160/161, 194 (Johann Scheibner); 36/37 (Martin Kirchner); 69, 102/103, 108/109, 120/121 (Sabine Lubenow); 20, 32/33 (Synnatschke Photography); DurchDieStadtGmbH: S. 201; Frank Druffner, Berlin: S. 9, 165; Havel-Therme GmbH: S. 202/203; Huber Images, Garmisch-Partenkirchen: S. 62 (Adam Eastland); 9, 207 (Cornelia Dörr); 164, 213 (Frank Lukasseck); 44 (Manfred Mehlig); 30/31 (Reinhard Schmid); Julia Stoschek Collection: S. 74; Katja Gragert: S. 64; laif, Köln: S. 12/13, 214/215 (Dagmar Schwelle); 54/55 (Daniel Biskup); 38/39 (Gerhard Westrich); 80 (Jan-Peter Boening/Zenit); 78/79 (Paul Hahn); 40/41 (Yorck Maecke/GAFF); Martina Schäfer: S. 2, 156/157, 3, 224, 4/5, 6/7, 105, 8, 8, 14, 15, 214, 27, 38, 214, 45, 51, 56, 57, 58, 58/59, 65, 65, 68, 70/71, 70/71, 72/73, 82, 83, 86, 87, 88, 88/89, 92, 93, 94, 94/95, 98, 212, 98, 100, 101, 104, 106, 106/107, 110, 112, 112/113, 118, 118/119, 122, 123, 124, 125, 128, 129, 130, 130/131, 134, 135, 136, 138/139, 140, 141, 142, 144/145, 146, 147, 148, 148/149, 152, 153, 154, 155, 160, 215, 166, 170, 171, 174/175, 176, 177, 178, 178/179, 184/185, 188, 189, 190/191, 215, 190/191, 206, 208/209, 212; Mauritius Images, Mittenwald: S. 42/43 (Angela Serena Gilmour-Alamy-Alamy Stockphotos); 22/23 (Blickwinkel / Alamy / Alamy Stock Photos); 195, 215 (boxx-foto); 18/19, 213 (Catharina Lux); 208 (Chris Seba); 184 (Germany Images David Crossland/Alamy/Alamy Stock Photos); 5, 196/197 (Kevin Prönnecke/imageBROKER); 81 (Klaus Neuner); 142/143 (mauritius images/ Schoening / Alamy / Alamy Stock Photos); 168/169 (mauritius images/McCanner/ Alamy); 66/67 (Reiner Elsen); 63 (Werner Otto); 20/21 (westend61 RF); Shutterstock.com, Amsterdam (NL): S. 114/115 (Alexey Fedroenko); 150/151 (Andrew Baum); 26 (Cacio Murillo); 96/97, 218 (Christian Kohlhausen); 17 (ebenart); 9, 204/205, 214 (Hanna Totska); 186/187 (Ina Meer Sommer); 28/29 (Jan Hejda); 117 (katatonia82); 166/167 (LianeM); 84/85, 116 (Pani Garmyder); 60/61 (PhotoFra); 132/133 (Roy Harris); 34/35 (Sina Ettmer Photography); 158/159, 213 (Ulf Nammert); 90/91 (Valmond); 192/193 (Wehr-Reinhold.de); Spreewald Therme GmbH: S. 202; SteinTherme/DP/Uwe Tölle: S. 200; Thorsten Klapsch: S. 76/77, 212; TMB-Fotoarchiv_Steffen Lehmann: S. 46, 46/47; Tourismusverband Dahme-Seenland e.V: S. 172, 172/173; Tropical Islands: S. 198/199, 214; Wikipedia: S. 182 (Angela Monika Arnold); 183 (Oimel)

IMPRESSUM

// Konzeption: Monique Sorban nach einer Idee von Antje Zimmermann
// Cover- und Buchgestaltung: Carolin Weidemann, Köln, www.weidemann-design.com
// Lektorat & Produktion: Verlagsbüro Wais & Partner, Stuttgart (Sabine Besenfelder, Rainer Maucher, Natasa Sipka, Kai Wieland, Assistenz: Linus Maucher), www.wais-und-partner.de

Printed in Italy

1. Auflage 2022
© 2022 DuMont Reiseverlag, Ostfildern
ISBN 978-3-616-03157-6

www.dumontreise.de

NOTIZEN

NOTIZEN

MARTINA
SCHÄFER

Martina Schäfer ist Diplom-Kauffrau und freiberufliche Journalistin, Texterin und Content-Marketing-Managerin. Außerdem bloggt sie auf „Places and Pleasure". Dabei ist sie immer auf der Suche nach sehenswerten Reisezielen, regionalen Spezialitäten und schönen Erlebnissen. Interessante Orte findet die Wahl-Berlinerin in Deutschland, Europa oder der Ferne. Ihre Leser nimmt sie auf Social Media und unter https://www.places-and-pleasure.de mit auf Entdeckungsreise. Beruflich ist Martina Schäfer unter https://martina-schaefer.de zu finden.